신나라 부경 한국어

채영희 지음

05

Russian

신나라

부경 한국어

여는 글

부경대학교 언어교육원이 한국어 교육을 시작한 지 올해가 10년이 되는 해입니다. 대마도 고등학교 학생들이 부경대학교에 입학하면서 한국어 교육을 시작하게 된 그날의 기억이 새롭습니다. 집안에 가보로 간직한 한국어 문서를 자기 목소리로 읽고 싶다고 하시던 일본 할아버지도 기억납니다. 그분들의 새로운 언어를 배우고자 하던 열정이 한국어를 더 많이 가르쳐 드리고 싶다는 열정에 뒤질까 노심초사 하던 시간들이 오늘까지 이어지고 있습니다.

한국의 위상이 높아짐에 따라 한국어를 배우고자 하는 열기는 이제 아시아를 넘어 세계로 향하고 있습니다. 한국어를 가르치는 일을 하면서 항상 느끼는 것은 한글에 대한 자부심입니다. 온 세계에 가장 자랑하고 싶은 한글을 세계인에게 알리는 최전선에 있다는 사실이 우리 한국어 선생님들의 자랑입니다. 한글 창제의 과학적 원리와 아름다운 조형성을 생각하면 한글을 창제하신 세종대왕의 백성 사랑하신 마음이 전해져 옵니다. 또한 어려운 시절 우리말과 글, 그리고 얼을 목숨을 다해 지켜내신 선각자 여러분들의 애틋한 마음도 함께 합니다.

지금 부경대학교에는 50여 나라에서 온, 천여 명의 유학생이 자신의 미래를 위한 준비를 열심히 하고 있습니다. 이들에게 도움을 주고자 초급 부경 한국어는 현재 14개국의 언어로 만들었습니다. 초급의 경우는 모국어의 도움이 필요하다고 생각되어 한국어와 각 나라의 언어로 만들었습니다. 이 과정에서 많은 유학생과 한국어 선생님들의 도움이 있었습니다. 도움을 주신 분들께 깊이 감사드립니다.

각 과는 준비단계에 그림을 통해 어휘를 쉽게 익히도록 배려하였으며, 역할극을 통해 언어기능에 중점을 둔 학습활동을 하도록 하였습니다. 그리고 각 과의 목표문법을 익힌 다음 확인 학습을 통해 배운 내용을 완전히 익히도록 하였습니다. 덤으로 문화에 대한 내용을 덧붙여 한국에 대한 흥미를 지니도록 구성하였습니다.

이 책이 세상에 나오도록 정성을 다해 도와준 분들이 많이 있습니다. 표지를 멋지게 디자인해 주신 디자인학과의 홍동식 교수님, 부드러운 목소리로 한국어의 아름다움을 세상에 알리는데 기꺼운 마음으로 도와주신 선호제님과 김새해님, 따뜻한 그림으로 책을 멋지게 만들어 주신 하늘기획 여러분, 그리고 책을 출판할 수 있도록 재정적 지원을 해주신 부경대학교 교육역량 사업단과 이 번거로운 일을 마다하지 않고 도와준 홍보협력과 여러분과 편집위원 여러분께 깊은 감사를 드립니다.

부경대학교 한국어 책임교수 _ **채 영 희**

일러두기

1 준비단계 : 어휘 익히기

각 과에서 학습해야 할 어휘 목록을 품사 별로 정리한 것이다. 각 단어의 발음은 부경대학교 언어교육원 홈페이지에서 들을 수 있다.

• 각 과의 내용 이해를 돕는 주요 어휘를 그림으로 학습한다.

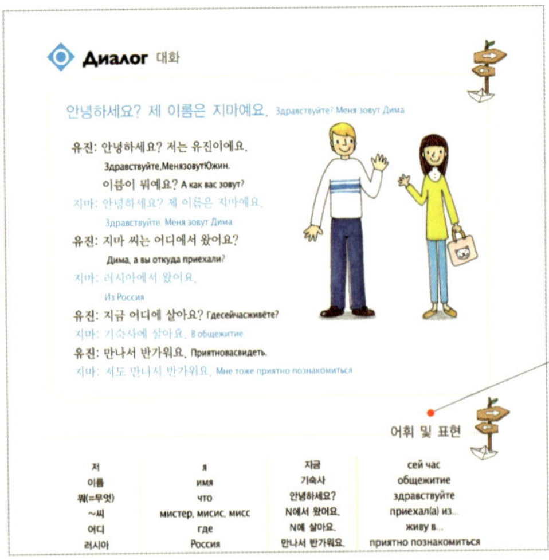

2 말하기 : 역할극 하기

특정 상황의 대화를 익히고 응용할 수 있다. 대화내용은 부경대학교 언어교육원 홈페이지에서 들을 수 있다.

• 대화에 나온 어휘와 표현을 정리하여 학습자의 이해를 돕는다.

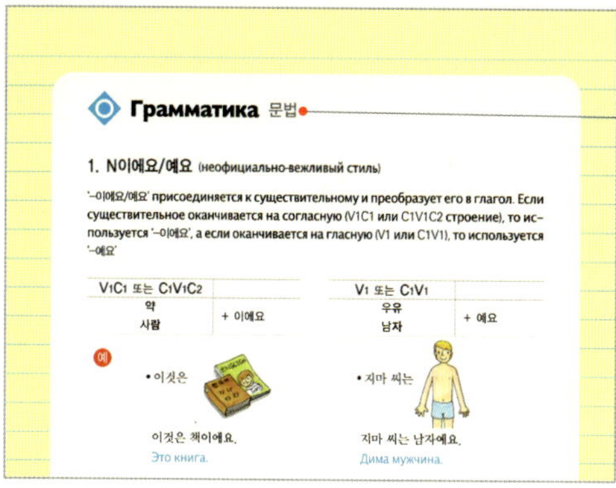

Грамматика 문법

1. N이에요/예요 (неофициально-вежливый стиль)

'-이에요/예요' присоединяется к существительному и преобразует его в глагол. Если существительное оканчивается на согласную (V1C1 или C1V1C2 строение), то используется '-이에요', а если оканчивается на гласную (V1 или C1V1), то используется '-예요'

V_1C_1 또는 $C_1V_1C_2$	
약 사람	+ 이에요

V_1 또는 C_1V_1	
우유 남자	+ 예요

예

• 이것은 — 이것은 책이에요. Это книга.

• 지마 씨는 — 지마 씨는 남자예요. Дима мужчина.

3 목표 문법 제시 : 문법 익히고 활용하기

• 다양한 활동을 통해 문법을 학습한다.

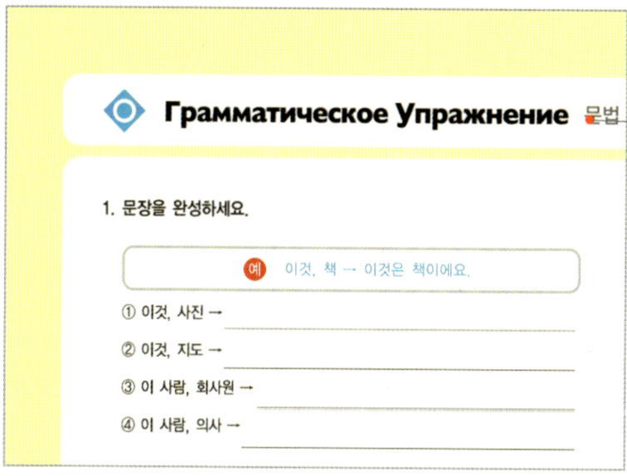

Грамматическое Упражнение 문법

1. 문장을 완성하세요.

예 이것, 책 → 이것은 책이에요.

① 이것, 사진 → ________

② 이것, 지도 → ________

③ 이 사람, 회사원 → ________

④ 이 사람, 의사 → ________

4 확인 학습 : 문법

• 학습 문법을 이용해 다양한 의사소통 활동을 유도한다.

Словаивыражения 어휘 & 표현 ❶

1. 【보기】에서 그림에 알맞은 단어를 찾아 쓰세요.

보기 여권, 지도, 책, 은행

① ② ③ ④

5 확인 학습 : 어휘와 표현

• 학습 어휘를 이용해 주제와 관계 있는 이야기를 구성해 본다.

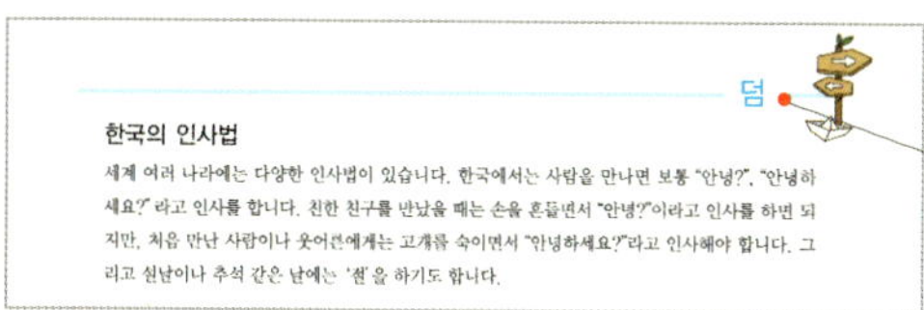

덤

한국의 인사법

세계 여러 나라에는 다양한 인사법이 있습니다. 한국에서는 사람을 만나면 보통 "안녕?", "안녕하세요?" 라고 인사를 합니다. 친한 친구를 만났을 때는 손을 흔들면서 "안녕?"이라고 인사를 하면 되지만, 처음 만난 사람이나 웃어른에게는 고개를 숙이면서 "안녕하세요?"라고 인사해야 합니다. 그리고 설날이나 추석 같은 날에는 '절'을 하기도 합니다.

6 문화 알기

• 한국의 문화를 소개하여 학생들에게 한국어에 대한 흥미를 가지도록 한다.

차례 Содержание

예비편 | 한글 хангыль
(название корейской национальной письменности)

제1과 | 소개하기 : N이에요/예요, N이/가 아니에요 14

제2과 | 여러 가지 사물 : N이/가, N은/는, N을/를 20

제3과 | 학교생활 : V · A아/어/여요, 안 V · A 28

제4과 | 숫자 말하기 : 한자어 숫자, 고유어 숫자 36

제5과 | 하루 일과 : V · A았어요/었어요/였어요 42

제6과 | 교통수단 이용하기 : V(으)세요, V지 마세요 48

[справка] В этой книге знакомя с грамматикой употребляются существительное, глагол, прилагательное означая вещи соответствующие грамматике определённой части речи и вместе с тем проявляют их в употребление.

N : существительное 명사 | V : глагол 동사 | A : прилагательное 형용사

제7과	전화하기 • 약속하기 : V(으)ㄹ까요?, V(으)ㅂ시다	54
제8과	주말활동 : V · A(으)ㄹ 거예요	60
제9과	병원가기 : V · A고	66
제10과	식당가기 : V고 싶다	72
제11과	물건사기 : V아/어/여도 돼요?	78
제12과	높 임 말 : N께서 V · A(으)세요	84
	부록	91
	연습문제 정답	97

● 한글 хангыль(название корейской национальной письменности)

1 모음 | основные гласные

글자	발음	글자	발음	글자	발음
ㅏ	a [a]	ㅠ	yu [ju]	ㅘ	wa [wa]
ㅑ	ya [ja]	ㅡ	eu [ɨ]	ㅙ	wae [wæ]
ㅓ	eo [ə]	ㅣ	i [i]	ㅚ	oe [ö/we]
ㅕ	yeo [jə]	ㅐ	ae [æ]	ㅝ	wo [wə]
ㅗ	o [o]	ㅒ	yae [jæ]	ㅞ	we [we]
ㅛ	yo [jo]	ㅔ	e [e]	ㅟ	wi [ü/wi]
ㅜ	u [u]	ㅖ	ye [je]	ㅢ	ui [iɨ]

2 자음 | основные согласные

글자	이름	발음	글자	이름	발음
ㄱ	기역	g,k [k]	ㅋ	키읔	k [kʰ]
ㄴ	니은	n [n]	ㅌ	티읕	t [tʰ]
ㄷ	디귿	d,t [t]	ㅍ	피읖	p [pʰ]
ㄹ	리을	r,l [r,l]	ㅎ	히읗	h [h]
ㅁ	미음	m [m]	ㄲ	쌍기역	kk [k']
ㅂ	비읍	b,p [p]	ㄸ	쌍디귿	tt [t']
ㅅ	시옷	s [s]	ㅃ	쌍비읍	pp [p']
ㅇ	이응	ng [ŋ]	ㅆ	쌍시옷	ss [s']
ㅈ	지읒	j [ts]	ㅉ	쌍지읒	jj [ts']
ㅊ	치읓	ch [tsʰ]			

Korean Alphabets

✱ 연습

	ㅏ	ㅓ	ㅗ	ㅜ	ㅡ	ㅣ	ㅐ	ㅔ	ㅚ	ㅟ
ㄱ	가	거	고	구	그	기	개	게	괴	귀
ㄴ	나	너	노	누	느	니	내	네	뇌	뉘
ㄷ	다	더	도	두	드	디	대	데	되	뒤
ㄹ	라	러	로	루	르	리	래	레	뢰	뤼
ㅁ	마	머	모	무	므	미	매	메	뫼	뮈
ㅂ	바	버	보	부	브	비	배	베	뵈	뷔
ㅅ	사	서	소	수	스	시	새	세	쇠	쉬
ㅇ	아	어	오	우	으	이	애	에	외	위
ㅈ	자	저	조	주	즈	지	재	제	죄	쥐
ㅊ	차	처	초	추	츠	치	채	체	최	취
ㅋ	카	커	코	쿠	크	키	캐	케	쾨	퀴
ㅌ	타	터	토	투	트	티	태	테	퇴	튀
ㅍ	파	퍼	포	푸	프	피	패	페	푀	퓌
ㅎ	하	허	호	후	흐	히	해	헤	회	휘
ㄲ	까	꺼	꼬	꾸	끄	끼	깨	께	꾀	뀌
ㄸ	따	떠	또	뚜	뜨	띠	때	떼	뙤	뛰
ㅃ	빠	뻐	뽀	뿌	쁘	삐	빼	뻬	뾔	쀠
ㅆ	싸	써	쏘	쑤	쓰	씨	쌔	쎄	쐬	쒸
ㅉ	짜	쩌	쪼	쭈	쯔	찌	째	쩨	쬐	쮜

3 받침 | конечные согласные

Гласная буква присоединяется к нижней части слига называется '받침'.
Все гласные можно использовать как '받침', но произносят только ㄱ, ㄴ, ㄷ, ㄹ, ㅁ, ㅂ, ㅇ.

글자	발음	예
ㄱ, ㄲ, ㅋ	k	국, 밖, 부엌
ㄴ	n	산
ㄷ, ㅅ, ㅆ, ㅈ, ㅊ, ㅌ, ㅎ	t	닫다, 옷, 갔다, 낮, 꽃, 밭, 히읗
ㄹ	l	달
ㅁ	m	몸
ㅂ, ㅍ	p	집, 잎
ㅇ	ng	방

4 한국어 글자의 구조 | строение корейских букв

1. V1 구조 : 모음만으로 이루어진 글자 буквы, созданные при помощи гласного звука

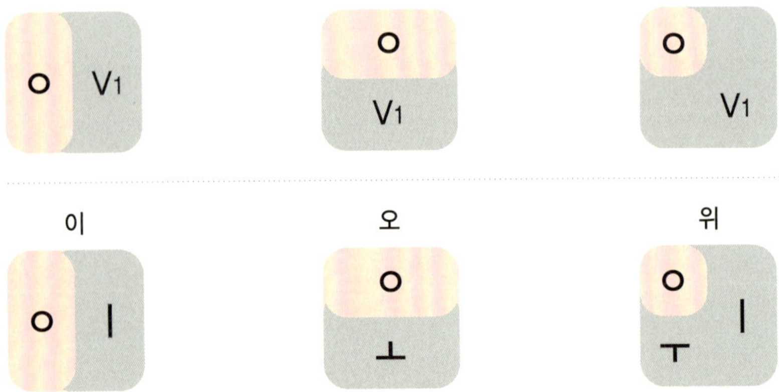

2. V1C1 구조

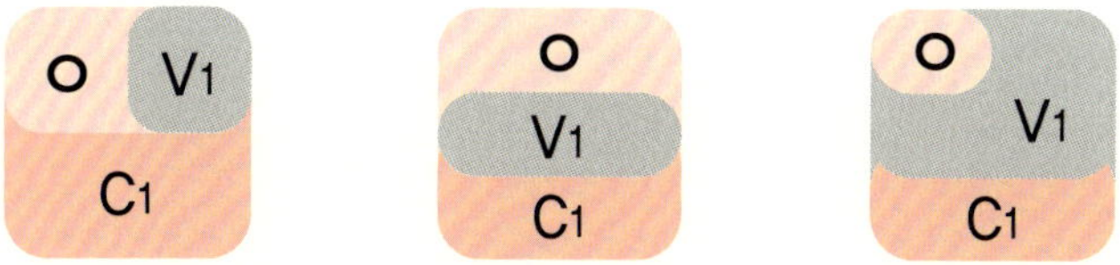

잎 옷 왕

3. C1V1 구조

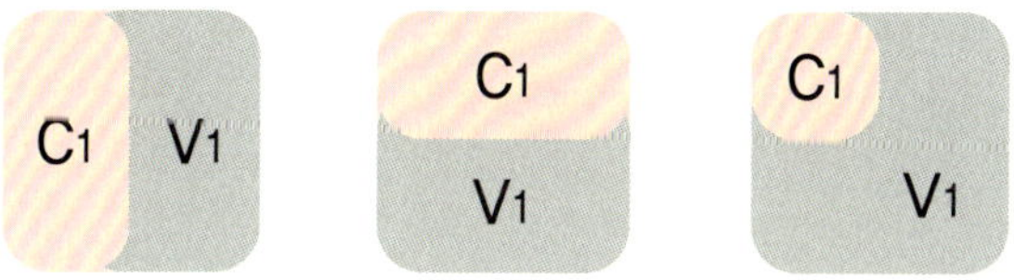

차 비 코 무 귀

4. C1V1C2 구조

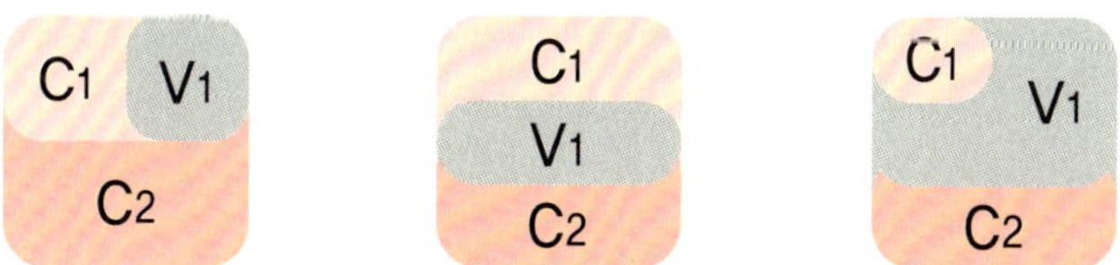

방 분 설 꽃 밖 쉰

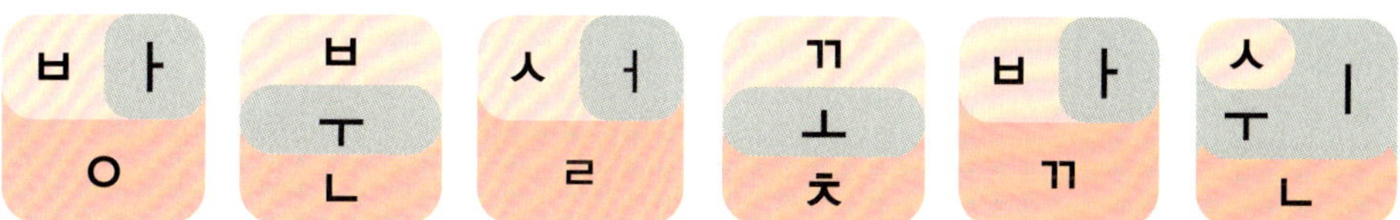

Знакомство

제1과 소개하기

словарь в картинках 그림사전

명사 **существительное**

국적	гражданство
나라	страна
남자	мужчина
번호	номер
사람	человек
사진	фотография
선생님	учитель
세계	мир
여권	паспорт
여자	женщина
의사	врач
이름	имя
지도	(географическая) карта
직업	профессия
책	книга
친구	друг
학교	школа
학생	ученик
한국	Корея
호주	Австралия
회사원	сотрудник фирмы

동사 **глагол**

소개하다	знакомить
인사하다	приветствовать

기타 **прочие**

~이다	быть

인사하다

소개하다

географическаякарта 세계지도

паспорт 여권

사진 фотография

국적
гражданство

이름 имя

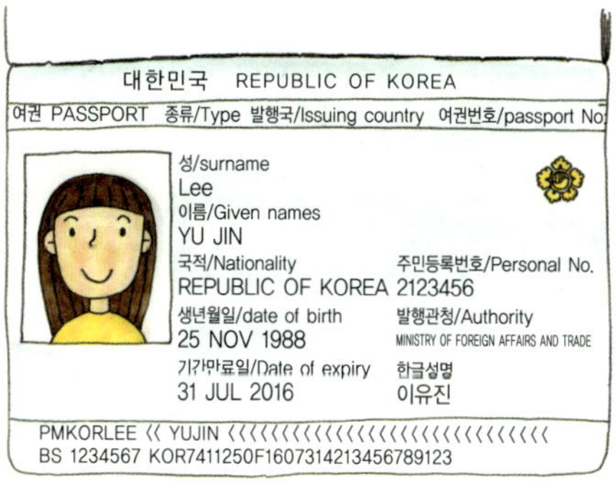
대한민국 REPUBLIC OF KOREA
여권 PASSPORT 종류/Type 발행국/Issuing country 여권번호/passport No.
성/surname
Lee
이름/Given names
YU JIN
국적/Nationality
REPUBLIC OF KOREA
주민등록번호/Personal No.
2123456
생년월일/date of birth
25 NOV 1988
발행관청/Authority
MINISTRY OF FOREIGN AFFAIRS AND TRADE
기간만료일/Date of expiry
31 JUL 2016
한글성명
이유진
PMKORLEE << YUJIN <<<<<<<<<<<<<<<<<<<<<<<<<<<<<<
BS 1234567 KOR7411250F1607314213456789123

여권번호
номер паспорта

профессия 직업

선생님
учитель

학생
ученик

회사원
сотрудник фирмы

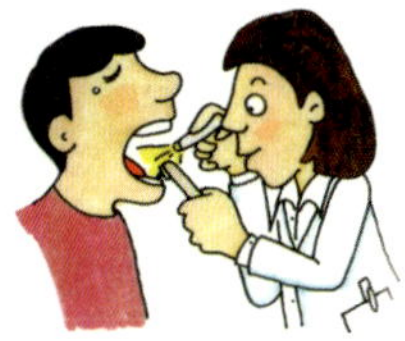

의사
врач

Диалог 대화

안녕하세요? 제 이름은 지마예요. Здравствуйте? Меня зовут Дима.

유진: 안녕하세요? 저는 유진이에요.
Здравствуйте,МенязовутЮжин.
이름이 뭐예요? А как вас зовут?

지마: 안녕하세요? 제 이름은 지마예요.
Здравствуйте. Меня зовут Дима.

유진: 지마 씨는 어디에서 왔어요?
Дима, а вы откуда приехали?

지마: 러시아에서 왔어요.
Из Россия

유진: 지금 어디에 살아요? Гдесейчасживёте?

지마: 기숙사에 살아요. В общежитие.

유진: 만나서 반가워요. Приятновасвидеть.

지마: 저도 만나서 반가워요. Мне тоже приятно познакомиться.

어휘 및 표현

저	я	지금	сей час
이름	имя	기숙사	общежитие
뭐(=무엇)	что	안녕하세요?	здравствуйте
~씨	мистер, мисис, мисс	N에서 왔어요.	приехал(а) из...
어디	где	N에 살아요.	живу в...
러시아	Россия	만나서 반가워요.	приятно познакомиться

덤

한국의 인사법

세계 여러 나라에는 다양한 인사법이 있습니다. 한국에서는 사람을 만나면 보통 "안녕?", "안녕하세요?" 라고 인사를 합니다. 친한 친구를 만났을 때는 손을 흔들면서 "안녕?"이라고 인사를 하면 되지만, 처음 만난 사람이나 웃어른에게는 고개를 숙이면서 "안녕하세요?"라고 인사해야 합니다. 그리고 설날이나 추석 같은 날에는 절을 하기도 합니다.

Грамматика 문법

1. N이에요/예요 (неофициально-вежливый стиль)

'–이에요/예요' присоединяется к существительному и преобразует его в глагол. Если существительное оканчивается на согласную (V1C1 или C1V1C2 строение), то используется '–이에요', а если оканчивается на гласную (V1 или C1V1), то используется '–예요'

V_1C_1 또는 $C_1V_1C_2$	
약 사람	+ 이에요

V_1 또는 C_1V_1	
우유 남자	+ 예요

예

• 이것은

이것은 책이에요.
Это книга.

• 지마 씨는

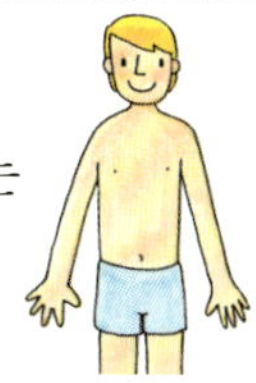

지마 씨는 남자예요.
Дима мужчина.

2. N이/가 아니에요

'N이/가 아니에요' отрицательная форма существительного 'N이/가 아니에요'. Если существительное оканчивается на согласную, то используется (V1C1 или C1V1C2) 'N 이 아니에요', а если оканчивается на гласную (V1 или C1V1), то используется 'N가 아니에요'.

V_1C_1 또는 $C_1V_1C_2$	
학생 교실	+ 이 아니에요

V_1 또는 C_1V_1	
아이 친구	+ 가 아니에요

예

• 유진 씨는

유진 씨는 선생님이 아니에요.
Южиннеучительница.

유진 씨는 학생이에요.
Южинученица.

• 여기는

여기는 학교가 아니에요.
Это не школа.

여기는 은행이에요.
Это банк.

Грамматическое Упражнение 문법 연습 ❶

1. 문장을 완성하세요.

> 예 이것, 책 → 이것은 책이에요.

① 이것, 사진 → ______________________

② 이것, 지도 → ______________________

③ 이 사람, 회사원 → ______________________

④ 이 사람, 의사 → ______________________

2. 문장을 완성하세요.

> 예 여기, 학교 → 여기는 학교가 아니에요.

① 그것, 책상 → ______________________

② 그것, 의자 → ______________________

③ 그 사람, 학생 → ______________________

④ 그 사람, 친구 → ______________________

3. 대화를 완성하세요.

> 예
>
> 가. 유진 씨는 미국 사람이에요?
>
> 나. 아니요, 미국 사람이 아니에요.
>
> 한국 사람이에요.

① 가. 지마 씨는 의사예요?

나. 아니요, ______________________

____

② 가. 마이클 씨는 선생님이에요?

나. 아니요, ______________________

____

Словаивыражения 어휘 & 표현 ❶

1. 【보기】에서 그림에 알맞은 단어를 찾아 쓰세요.

보기 여권, 지도, 책, 은행

① 

은행

② 

____

③ 

____

④ 

____

2. 【보기】에서 알맞은 표현을 골라 쓰세요.

보기 만나서 반가워요, 이름이 뭐예요?, 어디에 살아요?, 어디에서 왔어요?

유진 : 안녕하세요? 저는 유진이에요. ① ________

지마 : 안녕하세요? 제 이름은 지마이에요.

유진 : 지마 씨는 ② ________

지마 : 러시아에서 왔어요.

유진 : ③ ________

지마 : 기숙사에 살아요.

유진 : ④ ________

Разные Предметы

제2과 여러 가지 사물

словарь в картинках 그림사전

명사	существительное
공책	тетрадь
교실	класс
교통카드	проездная карточка
그것	это
눈	глаза
다리	ноги
돈	деньги
머리	голова
머리카락	волосы
무릎	колено
문	дверь
방	комната
소지품	личные вещи
손	рука
신체	тело(человека)
열쇠	ключ
은행카드	банковская карта
이것	это
입	рот
저것	тот
전자사전	электронный словарь
지갑	кашелёк
창문	окно
책	книга
책상	парта
칠판	доска
코	нос
팔	рука
팔꿈치	локоть
펜	ручка пером
학생증	студенческий билет
화장품	косметика
휴대폰	сотовый телефон
휴지	бумажная салфетка туалетная бумага

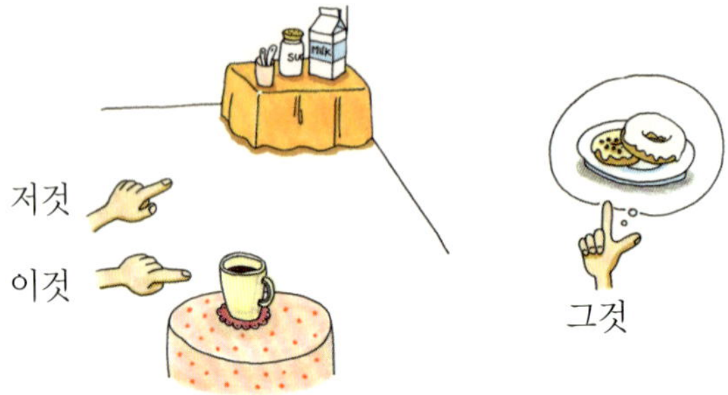

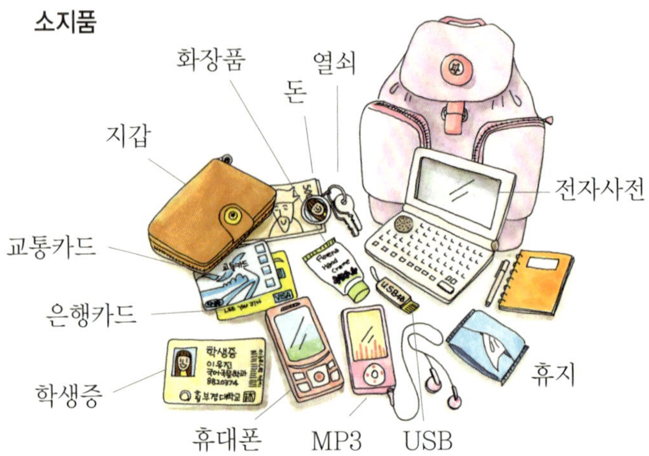

класс 교실

тело 몸

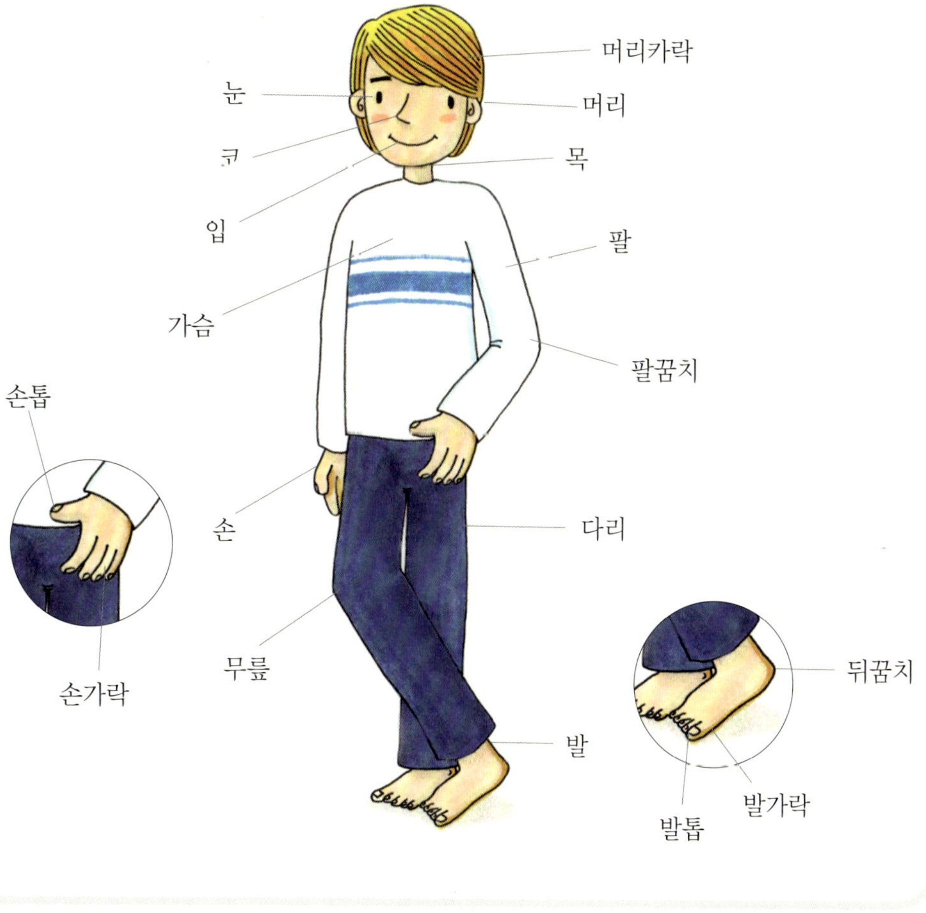

Диалог 대화

이것이 뭐예요? Что это?

유진: 이것이 뭐예요? Что это?

지마: 이것은 한국어 책이에요.

Вы занимаетесь корейским языком?

유진: 한국어를 배워요?

Изучаете корейский язык?

지마: 네, 한국어를 배워요.

Да, занимаюсь корейским языком.

유진: 어디에서 한국어를 공부해요?

Гдеучитеськорейскомуязыку?

지마: 부경대학교에서 한국어를 공부해요.

ЯучуськорейскомуязыкувуниверситетеБугёнг.

어휘 및 표현

뭐(=무엇)	что	에서	в/из
한국어	корейский язык	공부하다	заниматься
네	да	부경대학교	Бугёнг университет
배우다	учиться	N에서 + V	сущ. в/из + глагол
어디	где		

덤

준말

한국어의 '무엇'은 '뭐'로 짧게 줄여 쓸 수 있습니다. '뭐'처럼 짧게 줄여 쓴 말을 '준말'이라고 합니다. 한국어에는 '뭐' 외에도 준말이 많이 있는데, '이것이'는 '이게', '저것이'는 '저게', '그것이'는 '그게' 등으로 줄여 쓸 수 있습니다.

	+이/가	+은/는	+을/를
이것	이것이 = 이게	이것은 = 이건	이것을 = 이걸
저것	저것이 = 저게	저것은 = 저건	저것을 = 저걸
그것	그것이 = 그게	그것은 = 그건	저것은 = 저건

Грамматика 문법

1. N이/가

'–이/가' стоящее в начале предложения означает преобразование сущ-го в подлежащее. Если существительное оканчивается на согласную (V1C1 или C1V1C2 строение), то используется '–이', а если оканчивается на гласную (V1 или C1V1), то используется '–가'.

V_1C_1 또는 $C_1V_1C_2$	
이것 선생님	+ 이

V_1 또는 C_1V_1	
여기 학교	+ 가

예

• 여기가 교실이에요.

• 지마가 공부해요.

2. N은/는

Если существительное оканчивается на согласную (V1C1 или C1V1C2 строение), то используется '–은', аеслиоканчивается на гласную (V1 или C1V1), то используется '–는'.

V_1C_1 또는 $C_1V_1C_2$	
교실 한국	+ 은

V_1 또는 C_1V_1	
아버지 친구	+ 는

1) '–은/는' используется в тех случаях, когда об объекте упоминалось ранее.

예

• 옛날에 지마 씨가 살았어요. → 새로운 정보
Раньше жил Дима. - первичное появление

• 지마 씨는 호주 사람이었어요. → 알고 있는 정보
Дима австралиец. - приводимоеранееелицо

예

• 지마: 여기가 어디예요?
유진: 여기는 우체국이에요.

• 지마: 우체국이 어디예요?
유진: 여기가 우체국이에요.

2) Сравнение двух существительных в предложении.

예

• 저는 키가 커요. 하지만 제 동생은 키가 작아요.
Я высокого роста. Однако братишка низкого роста.

• 지금 한국은 여름이에요. 하지만 호주는 겨울이에요.
Сейчас в Корее лето. А в Австралии зима.

• 여름은 더워요. 하지만 겨울은 추워요.

3. N을/를

'–을/를' присоединяется к существительному проявляя дополнительное действие впереди стоящего существителього.
Если существительное оканчивается на согласную (V1C1 или C1V1C2строение), то используется '–을', а если оканчивается на гласную (V1 или C1V1), то используется '–를'.

V_1C_1 또는 $C_1V_1C_2$	
밥 신문	+ 을

V_1 또는 C_1V_1	
커피 노래	+ 를

예

• 지마 씨가 밥을 먹어요.
• 어머니가 커피를 마셔요.
• 아버지가 신문을 읽어요.
• 유진 씨가 노래를 불러요.

Дневник 일기

2010년 9월 1일 수요일   날씨: 맑음 ☼

오늘은 학교에 가요.

한국어 수업이 있어요.

한국어 선생님하고 친구들을 만나요.

한국어 선생님은 친절해요.

우리 반 친구들은 한국어 공부를 열심히 해요.

한국어 공부가 아주 재미있어요.

Грамматическое Упражнение 문법 연습 ❷

1. 【보기】에서 알맞은 것을 골라 쓰세요.

보기 이/가, 을/를, 은/는

① 저(는) 학생이에요.

② 아니요, 지도(　) 아니에요.

③ 지마 씨는 한국어(　) 공부해요.

④ 제 이름(　) 유진이에요.

⑤ 어머니가 밥(　) 먹어요.

2. 그림을 보고 '이것', '그것', '저것'을 넣어 대화를 완성하세요.

① 지마 : 이것이 책이에요?

유진 : 네, 책이에요.

② 지마 : ______ 컴퓨터예요?

유진 : 네, 컴퓨터예요.

③ 지마 : ______ 전자사전이에요?

유진 : 네, 전자사전이에요.

④ 지마 : ______ 화장품이에요?

유진 : 네, 화장품이에요.

Словаивыражения 어휘 & 표현 ❷

1. 다음 그림을 보고 단어가 그림에 있으면 ○, 없으면 ×표 하세요.

① 돈 (O)　② 책 (　)　⑤ 교통카드 (　)　⑥ 창문 (　)
③ 휴대폰 (　)　④ 전자사전 (　)　⑦ 휴지 (　)　⑧ 문 (　)

2. 다음 그림을 보고 신체 부분을 쓰세요.

① ____________

② ____________

③ ____________

④ ____________

⑤ ____________

3. 【보기】에서 알맞은 단어를 골라 쓰세요.

보기	뭐, 어디

① 가 : ______에서 한국어를 공부해요?
나 : 부경대학교에서 한국어를 공부해요.

② 가 : 이것이 ______예요?
나 : 그것은 책이에요.

ШКОЛЬНАЯ ЖИЗНЬ

제3과 학교생활

словарь в картинках 그림사전

명사	существительное
공부	учёба
공항	аэропорт
교실	класс
도서관	библиотека
백화점	универмаг
사무실	оффис
성적	успеваемость
성적표	таблицауспеваемости
수강신청	расписание
수업	занятие
숙제	домашнеезадание
시험	экзамен
식당	столовая
우체국	почта
은행	банк
집	дом
학교	школа
학생증	студенческий билет
회사	фирма

동사	глагол
가다	идти
내다	извлекать
듣다	слушать
받다	получать
빌리다	занимать
입학하다	поступать в школу
졸업하다	заканчивать школу
하다	делать

기타	прочие
~에서	в

표현	выражение

시험을 치다/보다
сдавать экзамен

학교에 가다

학비를 내다

수강신청(을) 하다

수업을 듣다

N(장소)에 가다

장소	
집	은행
학교	우체국
교실	서점
사무실	백화점
회사	공항
식당	도서관

집에 가다
идти домой

은행에 가다
идти в банк

교실에 가다
идти в класс

식당에 가다
идти в столовую

질문하다

대답하다

공부하다

숙제하다

숙제를 내다

책을 빌리다

동아리에 들다

시험을 치다/보다

성적표를 받다

입학하다

졸업하다

학생증

Диалог 대화

지금 어디에 가요? Куда вы сейчас идёте ?

유진: 지마 씨, 오늘 수업이 있어요? Дима, а у вас есть сегодня занятия?

지마: 아니요. 수업이 없어요. Нет. Занятий нет.

유진: 그러면 지금 어디에 가요? Тогда куда вы сейчас идёте?

지마: 도서관에 가요. Я иду в библиотеку.

유진: 도서관에서 무엇을 해요?

Что будете делать в библиотеке?

지마: 도서관에서 숙제를 해요.

Будуделатьдомашнеезадание.

유진 씨는 어디에 가요?

АкудавыидётеЮжин?

유진: 저는 영화관에 가요. 친구하고 약속이 있어요.

Я иду в кинотеатр. Договорилась встретиться с подругой.

어휘 및 표현

오늘	сегодня	무엇	что
수업	урок	약속	обещание
있다	у меня есть	N이/가 있어요	уменяесть
없다	у меня нет	N이/가 없어요	у меня нет
그러면	тогда	N에서 + V	в/из
가다	идти	N하고	вместе с

덤

영화표 예매 사이트

영화관에 가기 전에 미리 인터넷으로 영화표를 예매하면 편리합니다. 다음은 영화표를 예매할 수 있는 영화관 홈페이지입니다. 아래의 사이트에서 최신 개봉작과 영화 상영시간표를 확인하고, 영화표도 예매해 보세요.

http://www.cgv.co.kr CGV
http://www.cinus.co.kr 씨너스
http://www.primuscinema.com 프리머스 시네마
http://www.megabox.co.kr 메가박스
http://www.lottecinema.co.kr 롯데시네마

Грамматика 문법

1. V · A아요/어요/여요

Если '–아요/어요/여요' присоединяетсяк основе глагола или прилагательного, то образуется неофициально-вежливая форма.

Есливосновеглаголаиприлагательногоимеется 'ㅏ, ㅗ' то '–아요' ноеслиимеетсядругиегласные,тоиспользуется '–어요' Вслучаеупотребленияглагола '하다', используется'–어요'.

ㅗ, ㅏ	가다 идти	가/+ 아요	→	가요
	오다 приходить	오/+ 아요	→	와요
	앉다 садиться	앉/+ 아요	→	앉아요
ㅗ, ㅏ제외한 모음 (ㅜ, ㅓ, ㅡ, ㅣ…)	먹다 кушать	먹/ + 어요	→	먹어요
	웃다 смеяться	웃/ + 어요	→	웃어요
	배우다 учиться	배우/ + 어요	→	배워요
	마시다 пить	마시/ + 어요	→	마셔요
'하다' 동사	공부하다 заниматься	공부하/ + 여요	→	공부해요
	사랑하다 любить	사랑하/ + 여요	→	사랑해요
	좋아하다 нравиться	좋아하/ + 여요	→	좋아해요

[справка]

В корейском языке есть глагольные окончания официально-вежливого стиля и неофициально-вежливого стиля. В данной книге используется неофициально-вежливый стиль, который в основном используется в повседневной жизни.

В официальной ситуации или при письме в основном как правило используют окончания официально-вежливого стиля '–습니다/ㅂ니다'. Если основа глагола, прилагательного оканчивается на согласную(V1C1 или C1V1C2строение), то используется '–습니다', а если оканчивается на гласную(V1 или C1V1), то используется '–ㅂ니다'

V_1C_1 또는 $C_1V_1C_2$	먹다 кушать	먹/ + 습니다	→	먹습니다
	없다 у меня нет	없/ + 습니다	→	없습니다
V_1 또는 C_1V_1	오다 приходить	오/ + ㅂ니다	→	옵니다
	크다 большой	크/ + ㅂ니다	→	큽니다

2. V · A아요/어요/여요?

Если в конце ‘–아요/어요/여요.’ стоит ?знак, то необходимо употребить вопросительную интонацию, для того чтобы получилось вопросительное предложение.

동사	평서문	의문문
가다	가요.	가요?
먹다	먹어요.	먹어요?
좋아하다	좋아해요.	좋아해요?

3. 안 V · A아요/어요/여요

Отрицательная ‘안 V·A어요/아요/여요 = ‘안 V·A아요/어요/여요’.
Форма ‘N하다’ формувотрицательнойформеупотребляетсякак ‘N 안 해요’.

동사 глагол	긍정문 положительное предложение	부정문 отрицательное предложение
가다 идти	가요	안 가요
먹다 кушать	먹어요	안 먹어요
좋아하다 нравиться	좋아해요	안 좋아해요
※공부하다 учиться	공부해요	공부 안 해요
※운동하다 заниматься спортом	운동해요	운동 안 해요

예

• 밥을 먹어요?
Ешь?

• 한국 친구가 있어요?
Утебяестькорейскиедрузья?

• 운동해요?
Занимаешься спортом?

네. 밥을 먹어요.
Да. Буду кушать.

네. 있어요.
Да. Есть.

네. 운동해요.
Да. Занимаюсь спортом.

아니요. 밥을 안 먹어요.
Нет,неем.

아니요. 없어요.
Нет. Нету.

아니요. 운동 안 해요.
Нет. Спортом не занимаюсь.

Дневник 일기

2010년 9월 10일 금요일 날씨: 흐림

오늘은 숙제가 많아요.

그래서 저는 도서관에 가요.

도서관에서 숙제를 해요.

저녁에 유진 씨하고 약속이 있어요.

유진 씨는 제 한국 친구예요.

우리는 영화관에서 만나요.

같이 영화를 봐요.

영화가 정말 재미있어요.

	맑음	흐림	비	눈
날 씨				

Грамматическое Упражнение 문법 연습 ❸

1. 다음을 바꿔 쓰세요.

① 은행에 가다 ⇨ 은행에 가요.

② 수강 신청을 하다 ⇨ ____________

③ 도서관에 오다 ⇨ ____________

④ 저는 학생이다 ⇨ ____________

⑤ 이것은 책이 아니다 ⇨ ____________

2. 다음 그림을 보고 대화를 완성하세요.

① 가 : 지마 씨가 은행에 가요?

나 : 아니요, 은행에 안 가요.

학교에 가요.

② 가 : 지마 씨가 공부해요?

나 : 아니요, ____________

____

③ 가 : 유진 씨가 입학해요?

나 : 아니요, ____________

____

④ 가 : 지마 씨가 숙제를 내요?

나 : 아니요, ____________

____

Словаивыражения 어휘 & 표현 ❸

1. 관계있는 단어를 연결하세요.

① 입학을	㉠ 내다
② 학비를	㉡ 보다
③ 시험을	㉢ 들다
④ 동아리에	㉣ 하다

2. 다음 그림을 보고 빈 칸을 채우세요.

①

집

②

	교

③

	무	

④

	당

⑤

	행

⑥

교	

Число

제4과 숫자 말하기

словарь в картинках 그림사전

명사	существительное
~개	-штука
고유어	счетные слова
날짜	дата
냉장고	холодильник
년	год
달	месяц
돈	деньги
동물	животное
~마리	-голова
~명	-человек
몸무게	вес тела
방	комната
~병	-бутылка
~분	-минута
사과	яблоко
숫자	Число
~시	-час
시간	время
~원	-вон(назв.кор.денег)
~월	-месяц
음료수	напиток
자동차	машина
~일	-день
~잔	-рюмка
종이	бумага
~층	-этаж
컴퓨터	компьютер
키	рост
표	билет
한자어	язык иероглифов

돈

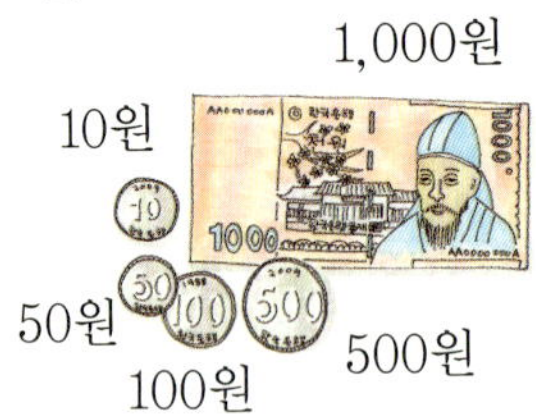

층

1층

방

406호

키 / 몸무게

180cm, 70kg

날짜

10월 9일

시간

2시 15분

달이름

1월	2월	3월	4월	5월	6월
일월	이월	삼월	사월	오월	유월
7월	8월	9월	10월	11월	12월
칠월	팔월	구월	시월	십일월	십이월

Китайские числительные 한자어 숫자

1	2	3	4	5	6	7	8	9
일	이	삼	사	오	육	칠	팔	구
10	20	30	40	50	60	70	80	90
십	이십	삼십	사십	오십	육십	칠십	팔십	구십

100	1,000	10,000	100,000	1,000,000	10,000,000	100,000,000
백	천	만	십만	백만	천만	억

Корейские числительные 고유어 숫자

1	2	3	4	5	6	7	8	9
하나	둘	셋	넷	다섯	여섯	일곱	여덟	아홉
10	20	30	40	50	60	70	80	90
열	스물	서른	마흔	쉰	예순	일흔	여든	아흔

※ В случае когда '하나, 둘, 셋, 넷' пишутся вместе с существительным, то они меняются на '한, 두, 세, 네 + существительное'.

사람

사람 / 명 분

동물

마리

물건(사과, 의자…)

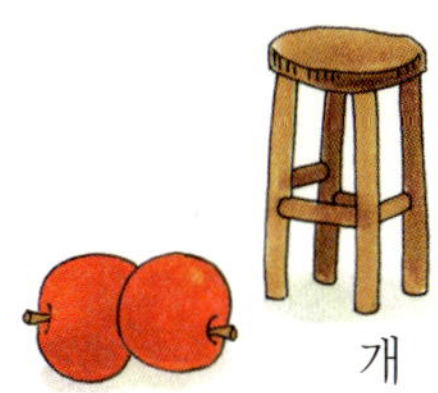

개

종이, 표, CD…

장

자동차, 냉장고, 컴퓨터…

대

음료수

병 잔

Диалог 대화

생일이 몇 월 며칠이에요?

В каком месяце и какого числа у вас день рождения?

유진: 지마 씨, 지마 씨 생일이 몇 월 며칠이에요?

Дима,вкакоммесяцеикакогочислаувасденьрождения?

지마: 제 생일은 9월 10일이에요.

Мойденьрождения10сентября.

유진 씨 생일은 언제예요?

Аувас,Южин,когда день рождения?

유진: 제 생일은 다음 주 월요일이에요.

Мойденьрождениявследующийпонедельник.

지마: 생일에 무엇을 해요?

Чтобудетеделатьвденьрождения?

유진: 생일에 친구를 초대해요.

Наденьрожденияприглашудрузей.

친구하고 파티를 해요.

И устрою вечеринку.

어휘 및 표현

생일	деньрождения	주	неделя
몇	какого/в каком	월요일	понедельник
월	месяц	초대하다	приглашать
며칠	какого числа	파티	вечеринка
언제	когда	N하고 + V	с+сущ
다음	следующий		

덤

생일 축하 노래

한국에서는 생일 아침에 미역국을 먹습니다.

그리고 생일 파티를 할 때는 생일 축하 노래를 부르고 케이크를 먹습니다.

한국어로 생일 축하 노래를 같이 불러 볼까요?

생일 축하합니다, 생일 축하합니다. 사랑하는 OO의 생일 축하합니다. ♫

Грамматика 문법

1. 한자어 숫자 | Китайские числительные

Китайские числительные подходят к числам, деньгам, минутам, этажам зданий, номерам аудиторий и оффисов, kg, cm и т.д..

1 일	월 месяц
2 이	일 число
3 삼	원 вон
4 사	분 минута
5 오	층 этаж
6 육	호 номер комнаты (аудитории)
7 칠	kg килограмм
…	cm сантиметр

예

- 오늘은 11월 2일이에요. 십일 월 이 일
- 이 가방은 5만 원이에요. 오만 원
- 식당이 3층에 있어요. 삼 층

2. 고유어 숫자 | Корейские числительные

Корейские числительные подходят к людям, животным, предметам, единицам, годам, времени и т.д.

1 한	사람 / 명 человек / человек
2 두	분 минута
3 세	마리 голова
4 네	개 штука
5 다섯	장 лист
6 여섯	대 (аналог в русском языке отсутствует)
7 일곱	병 бутылка
…	잔 рюмка
	시 час

예

- 우리 반에 학생이 7명 있어요. 일곱 명
- 교실에 책상이 8개 있어요. 여덟 개
- 지금 12시예요. 열두 시

Грамматическое Упражнение 문법 연습 ❹

1. 다음 【보기】에서 알맞은 단어를 골라 쓰세요.

> **보기** 명, 장, 개, 마리, 대, 잔, 병

① 친구를 두 명 만나요.

② 콜라가 ______ 있어요.

③ 커피를 ______ 마셔요.

④ 사과를 ______ 먹어요.

⑤ 개가 ______ 있어요.

⑥ 컴퓨터가 ______ 있어요.

2. 다음 문장에서 밑줄 친 숫자를 한글로 쓰세요.

① 교실은 <u>1</u>층에 있어요. ⇨ 일

② 오늘은 <u>10</u>월 <u>27</u>일이에요. ⇨

③ 저는 키가 <u>180</u>cm예요. ⇨

④ 저는 몸무게가 <u>70</u>kg이에요. ⇨

3. 다음 문장에서 밑줄 친 숫자를 한글로 쓰세요.

① 한국 친구가 <u>10</u>명 있어요. ⇨ 열

② 교실에 책상이 <u>30</u>개 있어요. ⇨

③ CD <u>15</u>장을 받아요. ⇨

④ 커피가 <u>6</u>잔 있어요. ⇨

Словаивыражения 어휘 & 표현 ❹

1. 다음 달력을 보고 날짜를 한글로 쓰세요.

① 이천년 일월 일일이에요.

② ______________________

③ ______________________

④ ______________________

2. 다음 (　　)에 알맞은 숫자를 쓰세요.

① 오월 – (　　) – 칠월 – 팔월 – (　　) – (　　) – 십일월

② 하나 – (　　) – (　　) – 넷 – 다섯 – (　　) – 일곱 – (　　)

3. 【보기】에서 알맞은 표현을 골라 쓰세요.

보기　몇 월 며칠이에요?, 언제예요?, 무엇을 해요?

① 유진 : 지마 씨, 생일이 ______________________?

지마 : 제 생일은 12월 14일이에요.

② 지마 : 유진 씨 생일은 ______________________?

유진 : 제 생일은 다음 주 월요일이에요.

③ 지마 : 생일에 ______________________?

유진 : 생일에 친구를 초대해요. 친구하고 파티를 해요.

МойДень

제5과 하루 일과

словарь в картинках 그림사전

명사	существительное
낮	день
도서관	биБлиотека
밤	ночь
새벽	рассвет
샤워	душ
세수	умывание
수업	урок
아침	утро
아침(밥)	завтрак
오전	до обеда
오후	после обеда
운동	спорт
이	зуб
인터넷	интернет
잠	сон
저녁	вечер
저녁(밥)	ужин
점심	день
점심(밥)	обед
친구	друг
컴퓨터	компьютер
텔레비전	телевизор
학교	школа

동사	глагол
끝나다	закончить
닦다	вытирать
돌아가다	возвращаться
먹다	кушать
보다	смотреть
시작하다	начинать
일어나다	вставать
자다	спать

일어나다

세수를 하다

이를 닦다

샤워를 하다

아침/점심/저녁을 먹다

수업이 시작하다/끝나다

친구를 만나다

텔레비전을 보다

운동을 하다

인터넷을 하다

잠을 자다

시간 말하기

		시			분
1	한		1	한	
2	두		2	두	
3	세		3	세	
4	네		4	네	
5	다섯		5	다섯	
6	여섯				
7	일곱		30	삼십	
8	여덟				
9	아홉		56	오십육	
10	열		57	오십칠	
11	열한		58	오십팔	
12	열두		59	오십구	

1:00 한 시
2:15 두 시 십오 분
3:27 세 시 이십칠 분
6:30 여섯 시 삼십 분 (=여섯 시 반)
8:41 여덟 시 사십일 분
9:30 아홉 시 삼십 분
11:59 열한 시 오십구 분
12:00 열두 시

낮  밤

Диалог 대화

지마 씨의 하루 Димен день

저는 어제 아침 7시에 일어났어요. Вчераявсталв7часов.

7시에 샤워를 했어요. 그리고 8시에 아침을 먹었어요.

В7часов принял душ. и в8часов позавтракал.

9시에 학교에 갔어요. В9часов пошёл в школу.

10시부터 12시까지 한국어 수업이 있었어요.

С 10 до 12 был на уроке корейского языка.

12시에 식당에서 점심을 먹었어요.

В12часов обедал в столовой.

낮에 도서관에 갔어요. 도서관에서 책을 읽었어요.

Днёмпошёлв библиотеку. В библиотеке читал книгу.

5시에 집에 왔어요. 집에서 저녁을 먹었어요.

В5часов пришёл домой. Ужинал дома.

밤에 인터넷을 했어요.

Ночью сидел в интернете.

숙제도 했어요.

Так же делал уроки

11시에 잠을 잤어요.

В11лёгспать.

어휘 및 표현

보통	обычно(ый)	읽다	читать
한국어	корейский язык	N(시간)에	в
그리고	и	N1부터 N2까지	с/от N1 до N2
수업	урок	N도	тоже
책	книга		

Грамматика 문법

1. V · A았어요/었어요/였어요

'–았어요/었어요/였어요' присоединяется к основе глагола, прилогательного образуя из них прошедшее время. Есливосновегл.,прил.имеется 'ㅏ, ㅗ', тоупотребляется'–았어요', если др. гласные, то '–었어요'. В случае употребления глагола '하다' употребляется '–였어요'.

ㅗ, ㅏ	가다 идти	가/+ 았어요	→	갔어요
	오다 приходить	오/+ 았어요	→	왔어요
	앉다 сидеть	앉/+ 았어요	→	앉았어요
ㅗ, ㅏ 제외한 모음 (ㅜ, ㅓ, ㅡ, ㅣ…)	먹다 кушать	먹/ + 었어요	→	먹었어요
	웃다 смеяться	웃/ + 었어요	→	웃었어요
	배우다 учить	배우/ + 었어요	→	배웠어요
	마시다 пить	마시/ + 었어요	→	마셨어요
'하다' 동사	공부하나 изучать	공부하/ + 였어요	→	공부했어요
	사랑하다 любить	사랑하/ + 였어요	→	사랑했어요
	좋아하다 нравиться	좋아하/ + 였어요	→	좋아했어요

예

현재 настоящее время	과거 прошедшее время
오늘 비가 와요. сегодня идет дождь.	어제 비가 왔어요. вчера шел дождь.
저는 학교에 가요. я иду в школу.	저는 학교에 갔어요. я ушел в школу.
지마 씨는 지금 밥을 먹어요. Дима сейчас кушает.	지마 씨는 아까 밥을 먹었어요. Дима недавно поел.
영화가 재미있어요. фильм интересный.	영화가 재미있었어요. фильм был интересный.
지금 숙제를 해요. сейчас делаю домашнее задание.	어제 밤에 숙제를 했어요. домашнеезаданиесделалвчераночью.

Грамматическое Упражнение 문법 연습 ❺

1. 다음을 바꿔 쓰세요.

① 와요 ⇨ 왔어요.

② 공부해요 ⇨

③ 마셔요 ⇨

④ 배워요 ⇨

⑤ 먹어요 ⇨

⑥ 웃어요 ⇨

2. 그림을 보고 질문에 대답하세요.

① 가 : 어제 아침에 무엇을 했어요?

나 : 운동했어요.

② 가 : 어제 낮에 무엇을 했어요?

나 :

③ 가 : 어제 밤에 무엇을 했어요?

나 :

Словаивыражения 어휘 & 표현 ⑤

1. 사람들이 무엇을 해요? 【보기】에서 알맞은 단어를 골라 쓰세요.

보기		
• 인터넷을 하다	• 운동을 하다	• 이를 닦다
• 친구를 만나다	• 샤워를 하다	• 세수를 하다

① 운동을 하다.　② 　③

④ 　⑤ 　⑥

2. 다음 그림을 보고 문장을 완성하세요.

① 9시부터 12시까지 수업을 들었어요.

② ____________________　③ ____________________

Транспорт

제6과 교통수단 이용하기

словарь в картинках 그림사전

명사	существительное
교통카드	проездная карточка
노선도	линия метро
단말기	терминал
버스	автобус
버스정류장	автобуснаяостановка
벨	звонок
손잡이	ручка
요금	оплата
자리	место
줄	очередь
지하철	метро
출구	выход
택시비	плата за такси
표	билет

동사	глагол
갈아타다	делать пересадку
기다리다	ждать
나오다	выходить
내다	уплатитить
내리다	высаживаться
넣다	класть
누르다	нажимать
대다	прислоняться
서다	стоять
세우다	остановить
앉다	сидеть
잡다	ловить
타다	садится на к.-л. вид транспорт

표현	выражение
줄을 서다	стоять в очереди

버스를 기다리다

버스를 타다

버스 요금을 내다

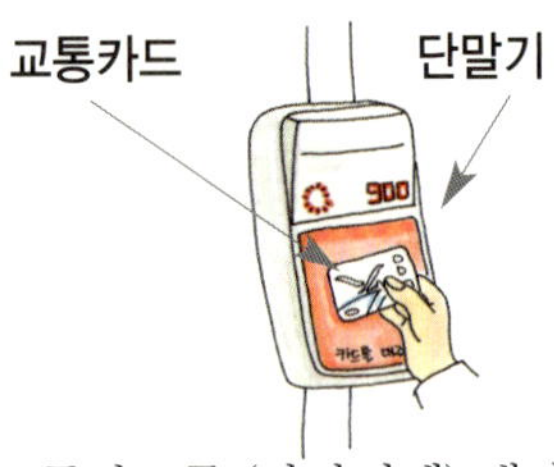

교통카드를 (단말기에) 대다

손잡이를 잡다

자리에 앉다

벨을 누르다

버스에서 내리다

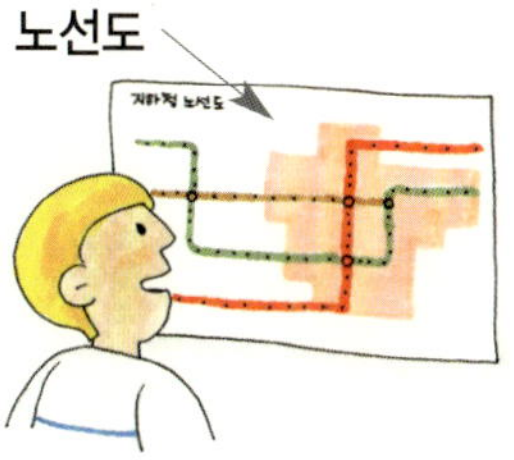

지하철 노선도를 보다

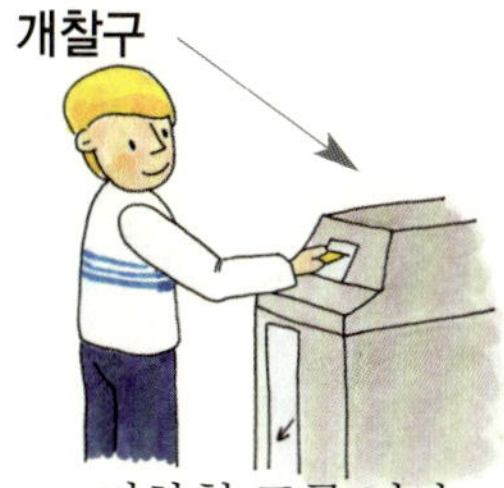

지하철 표를 넣다

줄을 서다

지하철을 타다

2호선으로 갈아타다

8번 출구로 나오다

택시를 잡다

택시를 타다

택시비를 내다

выражения употребляющиеся при езде на такси

Объесняводителыюместо-кудавамнужнодоехать, скажите "(장소)에 가 주세요."

- 부경대학교에 가 주세요.
  Отвезитепожалуйстав университет Бугёнг.

- 저기에 세워 주세요.
  Остановите пожалуйста вон там.

Диалог 대화

부산역에 어떻게 가요? Как доехать до Пусанского вокзала?

지마: 부산역에 어떻게 가요?
Как доехать до Пусанского вокзала?

학생: 버스나 지하철을 타세요.
Садитесь на автобус или метро.

지마: 버스 정류장은 어디에 있어요?
Где находится автобусная остановка?

학생: 부경대학교 정문 앞에 있어요.
У главного входа университета Бугёнг.
거기에서 27번 버스를 타세요.
Там садитесь на автобус номер 27.

지마: 시간이 얼마나 걸려요?
Сколько времени потребуется?

학생: 25분쯤 걸려요. Около25минут.

어휘 및 표현

부산역	Пусанский вокзал	걸리다	требовать
어떻게	как	쯤	приблизительно
정문	главный вход	N에 어떻게 가요?	как доехать до N?
거기	там	N1(이)나 N2	сущ.1 или сущ.2
~번 버스	номер автобуса	시간이 얼마나 걸려요?	Сколько времени потребуется?
얼마나	сколько		

덤

대중교통 안내 사이트

요즘은 버스, 지하철 등 대중교통 정보를 제공하는 사이트가 많이 있습니다.
외출하기 전에 버스, 지하철 노선과 요금, 운행 정보를 꼭 확인해 봅시다.

http://traffic.map.naver.com/ 전국 지하철, 버스 운행 정보
http://www.websubway.co.kr/subway/default.asp?city=pusan 부산 지하철 노선도
http://bus.busan.go.kr/ 부산 버스 노선 안내

Грамматика 문법

1. V(으)세요

'–(으)세요' присоединяется к глаголу и используется к противоположной стороне при приказе или просьбе сделать какое-либо действие.
Если впереди стоящий глагол оканчивается согласной(V1C1 или C1V1C2строение) то употребляется '–으세요' а если оканчивается гласной(V1 или C1V1), то то употребляется '–세요'.

V_1C_1 또는 $C_1V_1C_2$	앉다	сидеть	앉/ + 으세요	→	앉으세요
	읽다	читать	읽/ + 으세요	→	읽으세요
V_1 또는 C_1V_1	가다	идти	가/ + 세요	→	가세요
	쓰다	писать	쓰/ + 세요	→	쓰세요

※ за исключением 2-х глаголов

먹다	먹/ + 으세요	→	먹으세요(X) 드세요(○)
자다	자/ + 세요	→	자세요(X) 주무세요(○)

예

• 여기에 앉으세요.
присаживайтесь сюда.

• 안녕히 가세요.
Счастливого пути.

• 맛있게 드세요.
приятного аппетита.

2. V지 마세요

Отрицательная форма '(으)세요' -> '–지 마세요'. используется к противоположной стороне при приказе или просьбе не делать какое-либо действие.

예

• 먹지 마세요.
не ешьте..

• 이야기하지 마세요.
не разговаривайте.

• 담배를 피우지 마세요.
не курите.

Грамматическое Упражнение 문법 연습 ❻

1. 다음을 바꿔 쓰세요.

① 오다 ⇨ 오세요.
② 기다리다 ⇨
③ 타다 ⇨
④ 앉다 ⇨
⑤ 잡다 ⇨

2. 다음을 바꿔 쓰세요.

① 오다 ⇨ 오지 마세요.
② 기다리다 ⇨
③ 타다 ⇨
④ 앉다 ⇨
⑤ 잡다 ⇨

3. 선생님이 어떻게 말해요? 쓰세요.

① 듣고 따라하다 ⇨ 듣고 따라하세요.
② 읽다 ⇨
③ 쓰다(×) ⇨ 쓰지 마세요.
④ 영어로 말하다(×) ⇨
⑤ 책을 보다(×) ⇨

Словаивыражения 어휘 & 표현 ❻

1. 다음 그림을 보고 빈칸을 채우세요.

① 버스를 기다리다.

② 줄_ _다.

③ 버스 다.

④ 버스_ _ _ _다.

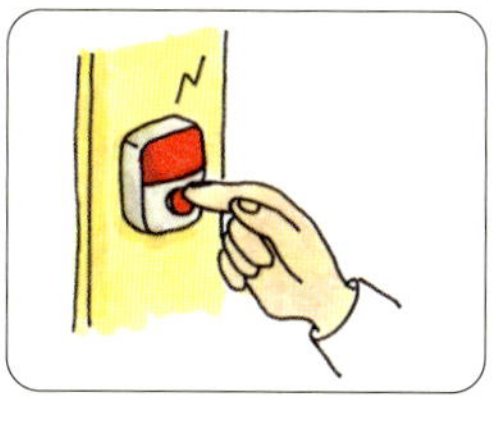

⑤ 벨_ _ _다.

Телефон & Встреча

제7과 전화하기 • 약속하기

словарь в картинках 그림사전

명사	существительное
전화(기)	телефон / телофонныйаппарат
휴대폰	сотовый телефон
통화 중	телефон занят
전화번호	номер телефона
표	билет

동사	глагол
끊다	заканчивать
바꿔 주다	передать
받다	брать
울리다	звучать
정하다	устанавливать
취소하다	отменять
확인하다	проверять

부사	наречие
잘못	неправильно

표현 **выражение**

전화를 걸다
звонить
전화를 끊다
положить трубку

전화번호를 누르다

전화를 걸다

전화가 울리다

전화를 받다

통화중이다

전화를 잘못 걸다

전화를 바꿔 주다

전화를 끊다

약속 시간을 정하다

약속 장소를 정하다

약속을 취소하다

영화시간을 확인하다

영화표를 사다

영화를 보다

выражения используемые по телефону 전화표현

여보세요.	Алло.
거기 ~ (이)지요?	там ~ правильно?
전데요.	это я.
~씨 좀 바꿔 주세요.	~ (мистеру) передайте пожалуиста.
~씨 전화 왔어요.	~ (мистеру) позвонили.
~씨 전화 받으세요.	~ (мистер) возьмитетелефон.
지금 안 계세요.	сейчас его нет.
잠깐만 기다리세요.	подождите минутку.
다시 전화할게요.	сново перезвоню.
안녕히 계세요. (전화 끊을 때)	до свидания (при окончании разговора).

Диалог 대화

같이 영화를 볼까요? Может завтра сходим в кино?

지마: 여보세요? Алло!
유진: 여보세요? Алло!
지마: 유진 씨, 저 지마예요. Южин,этоДима.
유진: 아, 지마 씨, 무슨 일이에요? ааа, Дима, что-нибудь случилось?
지마: 유진 씨, 내일 시간 있어요? Южин,увасесть есть завтра время?
유진: 네, 시간 있어요. Да, есть.
지마: 그러면 우리 같이 영화를 볼까요?
Можетбыть,завтрасходимвкино?
유진: 좋아요. 같이 영화를 봅시다.
몇 시에 만날까요?
Хорошо, давай. Во сколько встретимся?
지마: 2시 어때요? Как в 2 часа?
유진: 네. 좋아요.
그러면 내일 2시에 학교 앞 영화관에서 만납시다.
Хорошо. Тогдазавтрав2часаувидимсявкинотеатре тот что перед школой.
지마: 네. 유진 씨, 내일 봐요. До завтра.

어휘 및 표현

내일	завтра	몇 시	во сколько
시간	время	N 어때요?	сущ. как
우리	мы	무슨 일이에요?	что-нибудь случилось
같이	вместе		

덤

영화관 이용 예절

영화관에서 영화를 볼 때도 지켜야 할 예절이 있습니다. 영화관 이용 예절을 함께 알아볼까요?

첫째, 핸드폰은 진동으로 바꾸거나 전원을 끄세요.
둘째, 사진을 찍지 마세요.
셋째, 앞사람의 자리를 발로 차지 마세요.
넷째, 쓰레기는 쓰레기통에 버리세요.

Грамматика 문법

1. V(으)ㄹ까요?

'-(으)ㄹ까요?' присоединяется к глаголу и используется к противиположной стороне при намерении вместе что-либо сделать.
Если впереди стоящий глагол оканчивается согласной(V1C1 или C1V1C2строение) то употребляется '-을까요?', аеслиоканчивается гласной(V1 или C1V 1строение), то-употребляется '-ㄹ까요?'

V1C1 또는 C1V1C2	먹다 кушать	먹/ + 을까요?	→	먹을까요?
	앉다 сидеть	앉/ + 을까요?	→	앉을까요?
	찾다	찾/ +을까요?	→	찾을까요?
V1 또는 C1V1	보다 смотреть	보/ + ㄹ까요?	→	볼까요?
	만나다 встречаться	만나/ +ㄹ까요?	→	만날까요?
	기다리다	기다리/ +ㄹ까요?	→	기다릴까요?

2. V(으)ㅂ시다.

'-(으)ㅂ시다' присоединяется к глаголу и используется к противиположной стороне при предложения к совместному действию. Если впереди стоящий глагол оканчивается согласной(V1C1 или C1V1C2строение), то употребляется '-읍시다', а если оканчивается гласной(V1 или C1V1), тоупотребляется '-ㅂ시다'.

V1C1 또는 C1V1C2	읽다 читать	읽/ + 읍시다	→	읽읍시다
	받다 брать	받/ + 읍시다	→	받읍시다
	잡다	잡/ +읍시다	→	잡읍시다
V1 또는 C1V1	타다 садиться	타/ + ㅂ시다	→	탑시다
	배우다 учиться	배우/+ ㅂ시다	→	배웁시다
	마시다	마시/ +ㅂ시다	→	마십시다

예

- 유진: 우리 버스를 탈까요?
  Можетбыть, мысядемнаавтобус?
  지마: 좋아요. 버스를 탑시다.
  Хорошо.
  Давайте сядем на автобус.

- 지마: 내일 같이 해운대에 갈까요?
  Можетбыть,мызавтравместеп-оедемнаХэундэ?
  유진: 미안해요. 내일은 시간이 없어요.
  Извините. Завтра нет времени.
  다음에 갑시다.
  Давайте в следующий раз.

- 유진: 점심을 같이 먹읍시다.
  지마: 네, 좋아요.

- 지마: 오늘 3시에 만납시다.
  유진: 3시에는 수업이 있어요.
  4시 어때요?

Грамматическое Упражнение 문법 연습 ❼

1. 다음을 바꿔 쓰세요.

① 가요 ⇨ 갈까요?
② 만나요 ⇨
③ 먹어요 ⇨
④ 봐요 ⇨
⑤ 읽어요 ⇨

2. 다음을 바꿔 쓰세요.

① 가요 ⇨ 갑시다.
② 만나요 ⇨
③ 먹어요 ⇨
④ 봐요 ⇨
⑤ 읽어요 ⇨

3. 다음 그림을 보고 대화를 완성하세요.

① 가 : 배가 고파요.
나 : 식당에 갈까요 ?
가 : 네. 식당에 갑시다.

② 가 : 내일 시험이 있어요.
나 : ____________ ?
가 : 네, 도서관에서 공부합시다.

③ 가 : 피곤해요.
나 : ____________ ?
가 : 네, 의자에 앉읍시다.

Словаивыражения 어휘 & 표현 ❼

1. 다음은 전화 대화입니다. 【보기】에서 알맞은 문장을 골라 보세요.

> **보기**
> ① 거기 지마 씨 집이지요?
> ② 다시 전화할게요.
> ③ 지마 씨 좀 바꿔 주세요.

가 : 여보세요, ____________________

나 : 네, 맞아요.

가 : ________________________

나 : 지금 안 계세요.

가 : 그럼, ____________________

안녕히 계세요.

2. 다음 단어 다음에 올 수 없는 것을 고르세요.

① 버스를	□ 타다	☑ 내리다	□ 기다리다
② 전화를	□ 울리다	□ 걸다	□ 끊다
③ 약속을	□ 누르다	□ 정하다	□ 취소하다

Выходные Дни

제8과 주말활동

словарь в картинках 그림사전

명사 **существительное**

낚시	рыбалка
노래	песня
등산	поход в горы
빨래	стирка
사진	фотография
설거지	мытье посуды
쇼핑	покупки
여행	путешествие
음악	музыка
주말	выходные
주중	среди недели
찜질방	сауна, баня
청소	уборка
춤	танец
평일	будние дни

동사 **глагол**

듣다	слушать
읽다	читать

표현 **выражение**

노래를 부르다	петь песню
사진을 찍다	фотографировать
춤을 추다	танцевать

책을 읽다

음악을 듣다

영화를 보다

등산을 하다

노래를 부르다

사진을 찍다

춤을 추다

여행을 가다

낚시를 하다

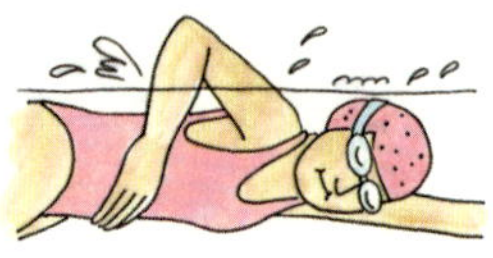
운동을 하다

컴퓨터 게임을 하다

쇼핑을 하다

찜질방에 가다

요리를 하다

설거지를 하다

청소를 하다

빨래를 하다

будние и выходные дни 평일과 주말

요일	월요일	화요일	수요일	목요일	금요일	토요일	일요일
день недели	понедельник	вторник	среда	четверг	пятница	суббота	воскресенье
	주중(평일) I среди недели(будни)					주말 I выходные	

Диалог 대화

주말에 뭐 해요? АчтовыЮжинбыдетеделать...?

유진: 지마 씨, 이번 주말에 뭐 해요? Дима, что вы делаете в эти выходные?

지마: 토요일에 남포동에 갈 거예요. В субботу еду на НамПоДонг.

유진: 남포동에서 무엇을 할 거예요? Что будете делать на НамПодонге?

지마: 내일부터 남포동에서 국제영화제가 열려요.

С завтрашнего дня на НамПоДонге открывается международный кинофестиваль.

그래서 남포동에서 영화를 볼 거예요.

Поэтому на НамПодонге буду смотреть фильм.

유진 씨는 주말에 뭐 할 거예요?

АчтовыЮжинбыдетеделать...?

유진: 저는 이번 주말에 해운대에 갈 거예요.

А я на выходные еду на Хеундэ.

해운대에서 바다를 구경할 거예요. Буду любоваться морем.

그리고 사진을 많이 찍을 거예요. Имногофотографировать.

어휘 및 표현

이번	в этот раз	구경하다	осматривать достопри-мечательности
뭐(=무엇을)	что		
남포동	НамПоДонг	사진	фотография
국제영화제	междунар. кинофестиваль	사진을 찍다	фотографировать
열리다	открываться	많이	много
그래서	поэтому	이번 N	в этот раз сущ.
해운대	Хеундэ	N부터	сущ. с

덤

부산국제영화제

매년 10월 부산 남포동과 해운대 등에서는 부산국제영화제(PIFF: Pusan International Film Festival)가 열립니다. 부산국제영화제는 1996년에 처음 시작하여 지금은 아시아 최고의 영화제가 되었습니다. 매년 부산국제영화제 기간에는 전 세계 영화감독과 영화배우, 그리고 영화를 사랑하는 많은 사람들이 부산을 찾고 있습니다.

Грамматика 문법

1. V · A(으)ㄹ 거예요

'-(으)ㄹ 거예요' присоединив к глаголу или прил-у образует будущее время. В случае использования с подлежащим может носить предположительный смысл.
Если основа гл. или прил-го оканчивается согласной(V1C1 или C1V1C2строение), то употребляется '-을 거예요', а если оканчивается гласной(V1 или C1V1), тоупотребляется '-ㄹ 거예요'.

V_1C_1 또는 $C_1V_1C_2$	입다 одевать	입 +을 거예요	→	입을 거예요
	많다 много	많 +을 거예요	→	많을 거예요
V_1 또는 C_1V_1	오다 приходить	오 +ㄹ 거예요	→	올 거예요
	예쁘다 красивый	예쁘 +ㄹ 거예요	→	예쁠 거예요

예

- 저는 오늘 저녁에 불고기를 먹을 거예요. (미래)
- 내일 부산에 비가 올 거예요. (미래)
- 지금 서울에 눈이 올 거예요. (추측)
- 주말에 해운대에 사람이 많을 거예요. (추측)

2. 안 V · A(으)ㄹ 거예요

Отрицательная форма '-(으)ㄹ 거예요' -> '안 V(으)ㄹ 거예요'. В случае с глаголом 'N 하다' употребляется 'N 안 V(으) ㄹ 거예요'.

동사 глагол	긍정문 положительное предложение	부정문 отрицательное предложение
가다 идти	갈 거예요	안 갈 거예요
작다 маленький	작을 거예요	안 작을 거예요
깨끗하다 чистый	깨끗할 거예요	안 깨끗할 거예요
※요리하다 готовить пищу	요리할 거예요	요리 안 할 거예요

예

- 방학에 집에 안 갈 거예요.
- 오늘 밤에는 인터넷을 안 할 거예요.
- 이번 겨울에는 부산에 눈이 안 올 거예요.
- 다음 주말에 날씨가 안 좋을 거예요.

Грамматическое Упражнение 문법 연습 ❽

1. 다음과 같이 하세요.

	어 제	오 늘	내 일
① 가다	갔어요	가요	갈 거예요
② 읽다		읽어요	
③ 하다		해요	
④ 먹다		먹어요	
⑤ 입다		입어요	
⑥ 사다		사요	

2. 다음의 대화를 완성하세요.

① 가 : 월요일에 운동을 할 거예요?
나 : 아니요, 월요일에 운동을 안 할 거예요.

② 가 : 토요일에 찜질방에 갈 거예요?
나 : 아니요, ____________________.

③ 가 : 일요일에 등산을 할 거예요?
나 : 아니요, ____________________.

④ 가 : 수요일에 청소를 할 거예요?
나 : 아니요, ____________________.

Словаивыражения 어휘 & 표현 ❽

1. 다음과 같이 하세요.

① 일 - 이 - (삼) - 사 - (　　) - 육 - 칠 - (　　) - (　　)

② (　　) - (　　) - 내일

③ 하나 - 둘 - (　　) - (　　) - 다섯 - 여섯 - (　　) - (　　)

④ 일요일 - 월요일 - 화요일 - (　　) - 목요일 - (　　) - (　　)

2. 다음의 대화를 완성하세요.

① 가 : 이번 주말에 무엇을 할 거예요?
나 : 책을 읽을 거예요.

② 가 : 이번 주말에 무엇을 할 거예요?
나 : ______________________.

③ 가 : 이번 주말에 무엇을 할 거예요?
나 : ______________________.

④ 가 : 이번 주말에 무엇을 할 거예요?
나 : ______________________.

Больница

제9과 병원가기

словарь в картинках 그림사전

명사	существительное
감기	простуда(грипп)
기침	кашель
머리	голова
멍	синяк
몸살	переутомление
발	ступня
밴드	бинт
붕대	лейкопластырь
약	лекарство
열	температура
접수	регистрация
주사	укол
진찰	медицинский осмотр
처방전	рецепт
체온	температура тела
피	кровь

동사	глагол
감다	делать перевязку
다치다	пораниться
바르다	мазать
받다	брать
붙이다	приклеивать
삐다	вывихивать
재다	измерять

형용사	прилагательное
아프다	болеть

표현	выражениеn
감기에 걸리다	простудиться
멍이 들다	образоватьсясиняк
몸살이 나다	переутомляться
약을 짓다	приготовить лекарство
열이 나다	подниматься температура
주사를 맞다	получать укол
피가 나다	течькровь

접수를 하다

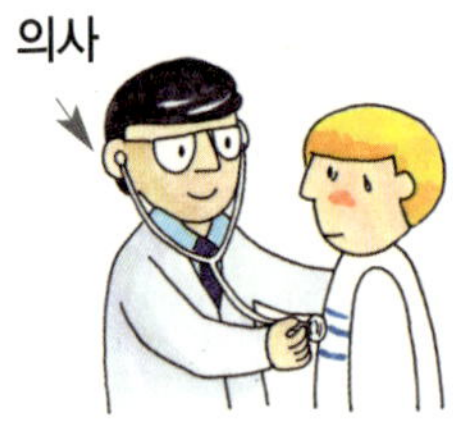

진찰을 받다

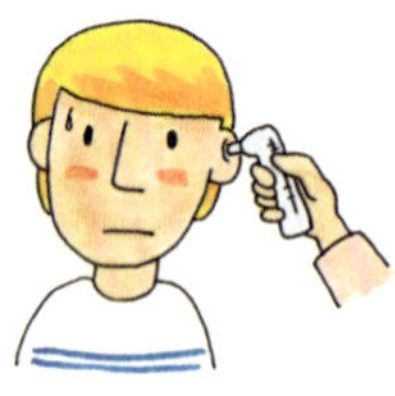
체온을 재다

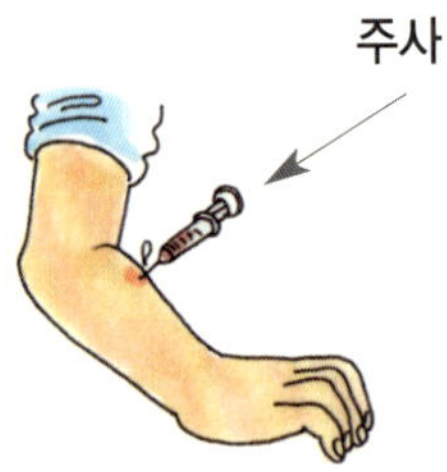

주사를 맞다

처방전을 받다

약을 짓다

머리가 아프다

몸살이 나다

다리를 다치다

피가 나다

감기에 걸리다

기침을 하다

콧물이 나다

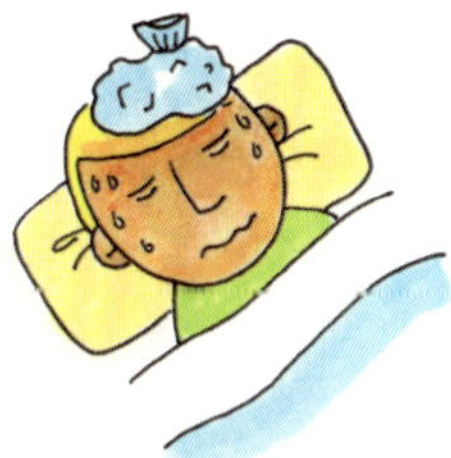

열이 나다

멍이 들다

발을 삐다

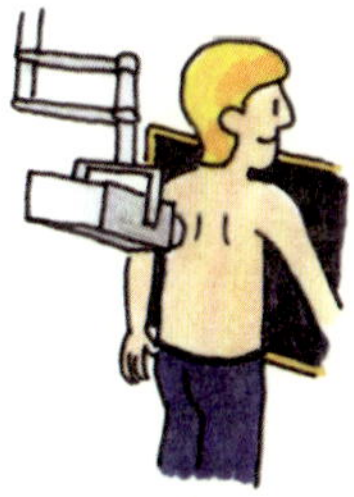

엑스레이를 찍다

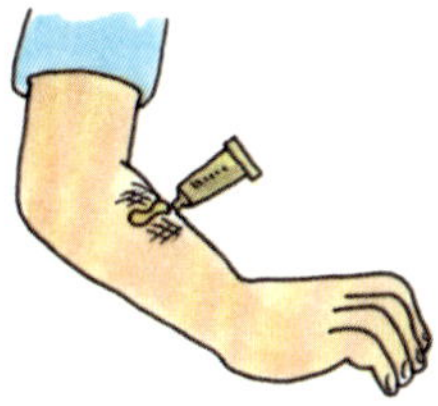

약을 바르다

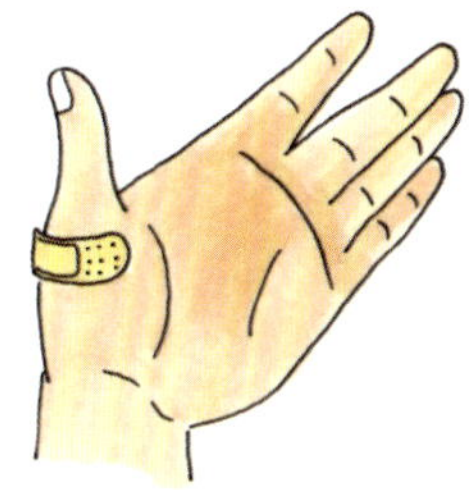

밴드를 붙이다

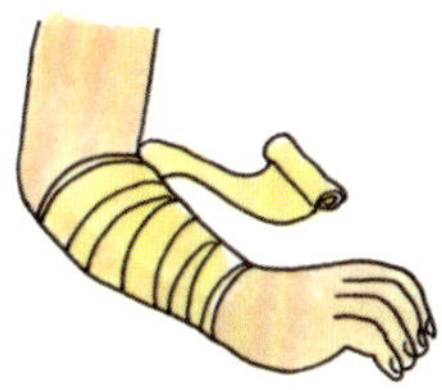

붕대를 감다

Диалог 대화

배가 아프고 열이 나요. болит желудок и есть температура.

간호사: 지마 씨, 1번 방으로 들어가세요.
Дима, пройдите в кабинет номер 1.

의사: 어떻게 오셨어요? По какому поводу пришли?

지마: 배가 아프고 열이 나요. Какувасболитжелудок?

의사: 배가 어떻게 아파요? Какувасболитжелудок?

지마: 소화가 잘 안 되고 설사를 해요.
У меня расстройство в пищеварении и понос.

의사: 언제부터 아팠어요? Сколько времени уже болеете?

지마: 어제 밤부터 아팠어요. Совчерашнейночи.

의사: 오늘은 매운 음식을 먹지 말고 죽을 드세요.
Сегодня не ешьте ничего острого только жидкую кашу.
그리고 이 약은 하루에 세 번 식후에 드세요.
И пейте вот это лекарство 3раза в день после еды.

어휘 및 표현

1번	номер 1	설사(를) 하다	поносить
방	кабинет	~지 말다	-не...(отриц.форма)
들어가다	входить	죽	жидкая каша
매운	острый	하루	1день
소화	пищеварение	식후	после еды
소화가 안 되다	не усваивать пищу	어떻게 오셨어요?	по какому поводу пришли

덤

한의원

한국에는 한의원이라고 하는 병원이 있습니다. 한의원에서는 한국의 전통적인 치료법으로 환자를 치료합니다. 한의원은 서양식 병원과는 달리 칼과 기계를 사용하지 않고, 주로 한약과 침을 이용하여 치료를 합니다. 최근에는 자연친화적 치료법에 매력을 느낀 외국인들이 한의원을 많이 찾고 있다고 합니다.

Грамматика 문법

1. V · A고

1) V·A고 (나열)

'–고' присоединяясь к гл. или прил-у играет роль в порядке двух равных фактов.

예
- 오늘은 비가 와요. 그리고 바람이 불어요. Сегодня идет дождь. И дует ветер.
  → 오늘은 비가 오/고 바람이 불어요. Сегодня идет дождь и дует ветер.
- 형은 대학생이에요. 그리고 동생은 고등학생이에요.
  Брат студент. А братишка школьник.
  → 형은 대학생이/고 동생은 고등학생이에요.
  Братстудент,абратишкашкольник.
- 지마 씨는 공부를 잘해요. 그리고 운동을 잘해요.
  Димахорошоучится. Ихорошо занимается спортом.
  → 지마 씨는 공부를 잘하/고 운동을 잘해요.
  Димахорошоучитсяихорошозанимаетсяспортом.
- 콧물이 나요. 그리고 기침을 해요.
  → 콧물이 나/고 기침을 해요.

2) V·A고 (시간 순서)

'–고' присоединяясь к основе глагола так же может указывать и на порядок действий. Сначала происходит выполнение первого действия, а затем второе. В данном случае подлежащее должно быть одним и тем же.

예
- 저는 밥을 먹어요. 그리고 그 후에 숙제를 해요.
  Якушаю.Ипослетогобудуделать домашнее задание.
  → 저는 밥을 먹/고 숙제를 해요.
  Якушаю,затембудуделать домашнее задание.
- 수업이 끝나요. 그리고 사무실에 오세요.
  Заканчиваю занятия. Иприходите в учительскую.
  → 수업이 끝나/고 사무실에 오세요.
  Заканчиваюзанятияиприходите в учительскую.
- 먼저 숙제를 합시다. 그리고 텔레비전을 봅시다.
  Давайте сначала сделаем домашнее задание.
  Ипотомбудем смотреть телевизор.
  → 먼저 숙제를 하/고 텔레비전을 봅시다.
  Давайтесначаласделаемдомашнеезаданиеипотомбуде посмотрим телевизор.
- 약을 바르세요. 그리고 밴드를 붙이세요.
  → 약을 바르/고 밴드를 붙이세요.

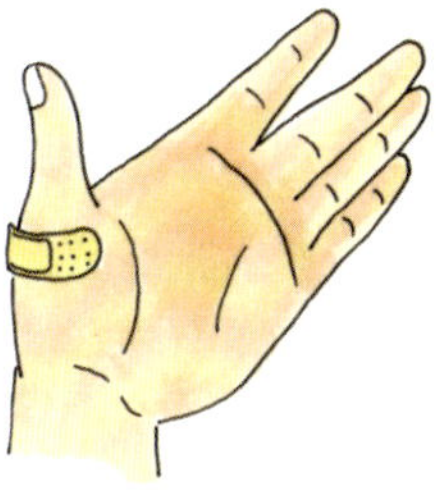

Грамматическое Упражнение 문법 연습 ❾

1. 다음 문장을 완성하세요.

① 오늘은 비가 와요. 그리고 바람이 불어요.

⇨ 오늘은 비가 오고 바람이 불어요.

② 지마 씨는 러시아 사람이에요. 그리고 유진 씨는 한국 사람이에요.

⇨ ______________________

③ 피가 나요. 그리고 멍이 들었어요.

⇨ ______________________

④ 지마 씨는 춤을 춰요. 그리고 유진 씨는 노래를 불러요.

⇨ ______________________

2. 다음 표를 보고 지마 씨의 하루 일과를 쓰세요.

7:00	아침을 먹다
9:00	학교에 가다
10:00~12:00	한국어 수업을 듣다
12:00	점심을 먹다
1:00	도서관에서 책을 읽다
5:00	집에 돌아가다

① 지마 씨는 아침을 먹고 학교에 가요.

② 한국어 수업을 ______________________

③ 점심을 ______________________

④ 도서관에 책을 읽고 ______________________

Словаивыражения 어휘 & 표현 ❾

1. 관계있는 단어를 연결하세요.

① 머리가	㉠ 걸리다
② 열이	㉡ 아프다
③ 감기에	㉢ 다치다
④ 다리를	㉣ 하다
⑤ 기침을	㉤ 나다

2. 다음 그림을 보고, 알맞은 동사를 고르세요.

① 기침을 하나 / 나나

② 콧물이 하다 / 나다

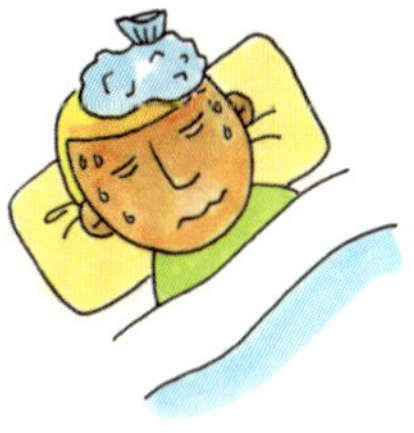

③ 열이 하다 / 나다

④ 피가 하다 / 나다

Столовая

제 10과 식당가기

словарь в картинках 그림사전

명사	существительное
그릇	посуда
나이프	нож
메뉴판	меню
배	живот
숟가락	ложка
음식	еда
접시	тарелка
젓가락	палочки
컵	стакан
포크	вилка

동사	глагол
계산하다	счёт
시키다	делать заказ
주문하다	заказывать

형용사	прилагательное
달다	сладкий
맛없다	не вкусный
맛있다	вкусный
맵다	острый
시다	кислый
싱겁다	пресный
쓰다	горький
짜다	солёный

표현	выражение
배가 고프다	голодный
배가 부르다	сытый

배가 고프다

배가 부르다

메뉴판을 보다

음식을 고르다

음식을 시키다 = 주문하다

계산하다

맛있다

맛없다

вкус еды 음식의 맛

맵다	시다	싱겁다	짜다	달다	쓰다
острый	кислый	пресный	солёный	сладкий	горький

название приборов для еды 식사도구 이름

접시 блюдце

컵 стакан

나이프 нож

젓가락 палочки

포크 вилка

그릇 чашка

숟가락 ложка

полезные выражения 유용한 표현

어서 오세요.	добро пожаловать.
이쪽으로 오세요.	идите в эту сторону.
뭐 드시겠습니까?	что будете есть?
음식 값은 선불입니다.	за еду оплата вперёд.
제가 한 턱 낼게요.	я угощаю.
반찬 좀 더 주세요.	дайте пожалуйста ещё закуски.
몇 분이세요?	сколько человек?

Диалог 대화

삼겹살을 먹고 싶어요. Хочу есть свинное мясо.

유진: 지마 씨, 저녁 먹었어요? Дима, вы поужинали?

지마: 아니요. 아직 안 먹었어요. Нет, покачтонепоел.

유진: 그러면, 같이 저녁을 먹을까요? Тогда, может вместе поедим?

지마: 네, 좋아요. 학교 근처 식당에 갑시다.
Хорошо. Пойдёмте в столовую около школы.

〈식당에서〉 〈в столовой〉

유진: 지마 씨, 뭐 먹고 싶어요?
Дима, что вы будете есть?

지마: 저는 삼겹살을 먹고 싶어요. 유진 씨는요?
Я хочу свинное мясо. А вы?

유진: 저도 삼겹살을 먹고 싶어요. 우리 밥도 먹을까요?
Я тоже хочу свинное мясо. Рис тоже поедим?

지마: 좋아요. Хорошо.

유진: 여기요! 삼겹살 이 인분하고 밥 두 공기 주세요.
Оффициант! Дайте, пожалуйста, две порции мяса и две тарелки риса.

어휘 및 표현

아직	ещё	인분	порция
같이	вместе	공기	чашка риса (воздух)
근처	окресность	N1하고 N2	N1 и N2
삼겹살	свинное мясо		

덤

한국 음식

김치	비빔밥	불고기	삼계탕	된장찌개

Грамматика 문법

1. V고 싶다

'–고 싶다' присоединяясьглаголуобразует желание "что-то сделать".

먹다 кушать	먹/ + 고 싶다	→	먹고 싶다
살다 жить	살/ + 고 싶다	→	살고 싶다
보다 смотреть	보/ + 고 싶다	→	보고 싶다
결혼하다 жениться	결혼하/ + 고 싶다	→	결혼하고 싶다

예

- 배가 고파요. 밥을 먹고 싶어요.
  Яголодна. Я хочу кушать.

- 너무 피곤해요. 쉬고 싶어요.
  Яоченьустала. Хочу отдыхать.

- 오늘은 제 생일이에요. 선물을 받고 싶어요.
  Сегодня мой день рождения. Хочу получить подарки.

- 지마: 이번 크리스마스에 뭐 하고 싶어요?
  유진: 친구들하고 파티를 하고 싶어요.

- 유진: 졸업하고 뭐 하고 싶어요?
  지마: 졸업하고 한국 회사에 다니고 싶어요.

Грамматическое Упражнение 문법 연습 ⑩

1. 【보기】에서 그림에 맞는 표현을 고르세요.

보기 • 밥을 먹고 싶어요 • 쉬고 싶어요 • 선물을 받고 싶어요

① 너무 피곤해요.
쉬고 싶어요.

② 배가 고파요.
____

③ 오늘은 제 생일이에요.
____

2. 다음을 바꿔 쓰세요.

① 삼겹살을 먹어요. ⇨ 삼겹살을 먹고 싶어요.

② 책을 읽어요. ⇨ ________________

③ 버스에서 내려요. ⇨ ________________

④ 자리에 앉아요. ⇨ ________________

⑤ 운동을 해요. ⇨ ________________

Словаивыражения 어휘 & 표현 ⑩

1. 다음 그림에 맞는 표현을 고르세요.

①

②

③

④

⑤

㉠ 짜다

㉡ 맵다

㉢ 시다

㉣ 달다

㉤ 쓰다

2. 그림을 보고 대화를 완성하세요.

① 가 : 무엇이 있어요?
나 : 컵하고 포크가 있어요.

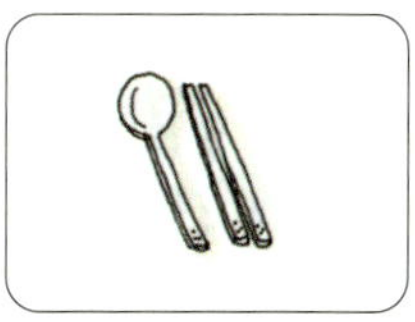

② 가 : 무엇이 있어요?
나 : ______________

③ 가 : 무엇이 있어요?
나 : ______________

Покупка

제11과 물건사기

словарь в картинках 그림사전

명사	существительное
값	цена
길이	длина
모자	головной убор
사이즈	размер
쇼핑	покупки
신발	обувь
옷	одежда

동사	глагол
계산하다	подсчитывать
고르다	выбирать
교환하다	обменивать
구경하다	осматривать
깎다	торговаться
들다	зержать в руках
맞다	подходить
메다	нести(на плечах)
벗다	снимать
사인하다	ставить подпись
쓰다	надевать
입다	одевать(ся)
입어 보다	примерять
환불하다	возвращать товары и получать деньги

형용사	прилагательное
길다	длинный
비싸다	дорогой
싸다	дешёвый
작다	маленький
짧다	короткий
크다	большой

쇼핑가다

구경하다

옷을 고르다

옷을 입어 보다

옷값을 깎다

계산하다

영수증에 사인하다

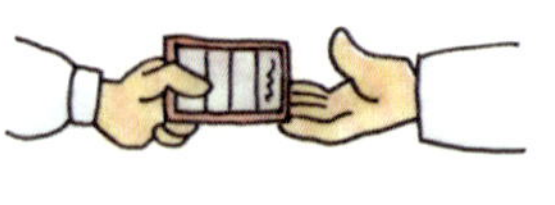
영수증을 받다

교환하다

환불하다

옷을 입다 / 벗다

모자를 쓰다 / 벗다

신발을 신다 / 벗다

가방을 들다 / 메다

값이 싸다 / 비싸다

사이즈가 크다 / 맞다 / 작다

길이가 길다 / 짧다

полезные выражения 유용한 표현

그냥 구경할게요.	просто осмотрю.
좀 깎아 주세요.	Уступитенемного,пожалуйста.
입어 봐도 돼요?	можно примерить?
~ 좀 보여주세요.	~покажите,пожалуйста.
이걸로 주세요.	Дайте,пожалуйста,вотзто.

Диалог 대화

이 바지 입어 봐도 돼요? Могу я примерить вот эти брюки(штаны)?

점원: 어서 오세요. 뭘 찾으세요? Добро пожаловать. Что ищете?

지마: 바지를 사고 싶어요. Хочу купить брюки.

점원: 이 바지 어때요? Как вам эти брюки?

지마: 이 바지는 색깔이 마음에 안 들어요. 다른 색깔 있어요?

Цвет не по душе. Есть другого цвета?

점원: 네. 검은 색이 있어요. Да, есть чёрного цвета.

지마: 그것 좀 보여 주세요. Покажите пожалуйста.

점원: 여기 있어요. Вот, пожалуйста.

지마: 입어 봐도 돼요? Могу я их примерить?

점원: 그럼요. Конечно.

〈옷을 갈아입은 후〉 (после переодевания)

점원: 마음에 들어요? Вамнравится?

지마: 네, 마음에 들어요. 이걸로 주세요.

Да, нравится. Я возьму их.

어휘 및 표현

어서	скорее/быстрее	주다	давать/отдавать
찾다	искать	어서 오세요.	Добро пожаловать.
바지	брюки/штаны	뭘 찾으세요?	Что ищете?
색깔	цвет	마음에 들다	подуше
마음	сердце/душа	그럼요.	конечно
검은 색	чёрный цвет		

덤

교환과 환불

보통 백화점에서 쇼핑을 한 후에 교환이나 환불을 하려면 구입한 날부터 7-14일 이내에 해야 합니다. 그리고 교환, 환불을 할 때는 반드시 영수증이 있어야 합니다. 가게마다 교환, 환불 조건이 다르므로, 물건을 살 때는 꼼꼼히 살펴보고 교환, 환불 기간을 확인하는 것이 좋습니다.

Грамматика 문법

1. V아/어/여도 돼요?

'–어/아/여도 돼요?' присоединяется к глаголу и используется как разрешение или согласие на какой-либо поступок.
Есливоснове глагола имеется 'ㅏ, ㅗ', тоиспользуется '아도 돼요?' но если имеются другие гласные, тоиспользуется '어도 돼요?', вслучае употребления глагола '하다' используется '여도 돼요?'

ㅗ, ㅏ	가다 идти	가/ + 아도 돼요?	→	가도 돼요?
	보다 смотреть	보/ + 아도 돼요?	→	봐도 돼요?
	받다	받/ +아도 돼요?	→	받아도 돼요?
ㅗ, ㅏ 제외한 모음 (ㅜ, ㅓ, ㅡ, ㅣ…)	먹다 кушать	먹/ +어도 돼요?	→	먹어도 돼요?
	주다 давать	주/ +어도 돼요?	→	줘도 돼요?
	벗다 снимать	벗/ +어도 돼요?	→	벗어도 돼요?
'하다' 동사	사용하다 использовать	사용하/ + 여도 돼요?	→	사용해도 돼요?
	요리하다 готовить пищу	요리하/ + 여도 돼요?	→	요리해도 돼요?
	구경하다	구경하/ +여도 돼요?	→	구경해도 돼요?

Если спросят '–아/어/여도 돼요?.' тонеобходимоовечать '네, V아/어/여도 돼요.' или '아니요, V(으)면 인 돼요.'

예

- 지마: 선생님, 지금 화장실에 가도 돼요?
  Учитель, можно ли сейчас пойти в туалет?
  선생님: 네, 가도 돼요. Да, можешь идти.
  아니요, 가면 안 돼요. Нет, нельзя идти.
- 유진: 여기에서 전화해도 돼요? Можно ли позвонить отсюда?
  지마: 네, 전화해도 돼요. Да, можете позвонить.
  아니요, 전화하면 안 돼요. Нет, нельзя звонить.
- 지마: 해운대에서 수영해도 돼요?
  유진: 네, 수영해도 돼요.
- 유진: 극장에서 사진을 찍어도 돼요?
  선생님: 아니요, 극장에서 사진을 찍으면 안 돼요.

Грамматическое Упражнение 문법 연습 ⓫

1. 【보기】에서 그림에 맞는 표현을 고르세요.

보기

① 빵을 먹다.

가 : 먹어도 돼요?

나 : 네, 먹어도 돼요.

아니요, 먹으면 안 돼요.

② 옷을 입다.

가 : ______________

나 : ______________

____

③ 옷을 벗다.

가 : ______________

나 : ______________

____

④ 사진을 보다.

가 : ______________

나 : ______________

____

⑤ 물을 마시다.

가 : ______________

나 : ______________

____

Словаивыражения 어휘 & 표현 ⓫

1. 반대말을 연결하세요. 그리고 대화를 완성하세요.

① 맛없다 •	• 크다
② 짧다 •	• 싸다
③ 작다 •	• 맛있다
④ 비싸다 •	• 길다

㉠ 가 : 삼겹살이 맛있어요? 나 : 아니요, 맛없어요.

㉡ 가 : 바지가 짧아요? 나 : 아니요, ________

㉢ 가 : 옷이 커요? 나 : 아니요, ________

㉣ 가 : 모자가 비싸요? 나 : 아니요, ________

2. 【보기】에서 그림에 맞는 표현을 고르세요. 그리고 아래와 같이 활용해 보세요.

보기 • 쇼핑가다 • 구경하다 • 옷값을 깎다

① 쇼핑가다. ⇨ 쇼핑가요.

② ________ ⇨ ________

③ ________ ⇨ ________

УважительнаяФорма Разговора

제12과 높임말

словарь в картинках 그림사전

명사 существительое

나이 возраст
댁 дом(употр. к взрослым людям)
밥 варёный рис
생신 день рождения (употр. к взрослым людям)
생일 день рождения
연세 возраст (употр. к взрослым людям)
진지 варённый рис (употр. к взрослым людям)
집 дом
※ лексическая степень вежливости.

동사 глагол

계시다 быть
드리다 преподносить
드시다 есть, пить
말씀하시다 говорить
잡수시다 есть, пить
주무시다 спать

형용사 прилагательное

편찮으시다 болеть
※ глаголы имеют лексическую степень вежливости.

나이가 몇 살이에요?

나이

연세가 어떻게 되세요?

연세

밥

진지

집이 어디예요?

집

댁이 어디세요?

댁

생일

생신

먹다

있다

자다

드시다 / 잡수시다

계시다

주무시다

말하다

아프다

주다

말씀하시다

편찮으시다

드리다

Диалог 대화

다음 주 월요일은 어머니 생신이에요.

Вследуюшийпонедельникумамыденьрождения.

우리 가족은 아버지, 어머니, 형, 그리고 저 이렇게 모두 4명이에요.
Внашейсемьепапа,мама,старшийбратия,всего4человека.
아버지하고 어머니께서는 호주에 계세요. Папа и мама находятся в Австралии.
아버지께서는 회사에 다니세요. Папа работает на фирме.
어머니께서는 선생님이세요. Мама учитель.
형은 미국에 있어요.
미국에서 대학교에 다녀요.
Старший брат в Америке. Учится в университете.
다음 주 월요일은 어머니 생신이에요.
Вследуюшийпонедельникумамыденьрождения.
저는 어머니께 선물을 드리고 싶어요.
인삼을 살 거예요.
Я хочу преподнести маме подарок. Куплю ей женьшень.

어휘 및 표현

가족	семья	생신	день рождение
어머니	мама	선물	подарок
아버지	папа	드리다	преподносить
형	старший брат	인삼	женьшень
이렇게	вот так	N에 다니다	ходить
모두	всего		
회사	фирма		

덤

반말

한국어에는 웃어른에게 사용하는 높임말도 있지만, 아주 친한 친구에게 사용하는 반말도 있습니다. 예를 들어, 나이가 같은 친한 친구에게는 "어디에 가요?" 대신 "어디에 가?", "많이 드세요." 대신 "많이 먹어.", "집에 갑시다." 대신 "집에 가자." 등 반말을 사용할 수 있습니다.
이름을 부를 때도 "OO 씨!"가 아니라 "OO아!" 또는 "OO야!"로 불러야 합니다.

Грамматика 문법

1. N께서 V · A(으)세요 / N께서 V · A(으)십니다

Уважительная форма '–이/가 –아/어/여요'. –> '–께서 –(으)세요' Когда подлежащее является объектом уважительной формы вместо частицы имен. падежа '–이/가' употребляется '–께서' Изложение предложения '–(으)세요' остаётся прежним.
Неофициально-вежливое '–(으)세요' окончание можно использовать как официально-вежливое '–(으)십니다.' '있다, 먹다, 자다' на практике применяются как '계시다, 드시다/잡수시다, 주무시다'.

동사	비격식체 높임말	격식체 높임말
읽다 читать	읽으세요	읽으십니다
보다 смотреть	보세요	보십니다
크다 большой	크세요	크십니다
※있다 есть(иметь)	계세요	계십니다
※먹다 кушать	드세요 / 잡수세요	드십니다 / 잡수십니다
※자다 спать	주무세요	주무십니다

예
- 아버지께서 신문을 읽으세요 / 읽으십니다. Отец читает газету/читает.
- 어머니께서 텔레비전을 보세요 / 보십니다. Матьсмотрит телевизор/смотрит.
- 선생님께서 키가 크세요 / 크십니다. Учитель высокого роста/высокого.
- 할아버지께서 방에서 주무세요 / 주무십니다. Дедушка спит в комнате/спит.

2. 명사 높임말 Уважительная форма существетельного

Вкорейскомязыкесамословоможетиметь уважительную степень сущ-го.

명사 существительное	높임말 лексическая форма вежливости
집 дом	댁 дом
밥 пища	진지 пища
생일 день рождения	생신 день рождения
나이 возраст	연세 возраст

예
- 선생님께서 댁에 안 계세요. Учителя нет дома.
- 아버지께서 진지를 드세요. Отец ест пищу.
- 할머니께서 연세가 많으세요. Бабушкапреклонного возраста.

※при переводе лексической формы вежливости на русский язык не возможно прочувствовать лексическую сторону слова, т.к. в русском языке отсутсвует аналог данной формы.

Грамматическое Упражнение 문법 연습 ⑫

1. 알맞은 말을 고르세요.

① 할아버지께서 병원에 (가요. / 가세요.)

② 친구는 학교에서 한국어를 (공부해요. / 공부하세요.)

③ 동생은 책을 (읽어요. / 읽으세요.)

④ 아버지께서 회사에 (다녀요. / 다니세요.)

⑤ 어머니께서 텔레비전을 (봐요. / 보세요.)

2. 알맞은 말을 쓰세요.

	현재 : ~(으)세요	과거 : ~(으)셨어요
가다	가세요	가셨어요
오다		
읽다		
앉다		
공부하다		

Словаивыражения 어휘 & 표현 ⑫

1. 【보기】에서 단어를 연결하고 쓰세요.

보기

먹다	말하다	주다
있다	편찮으시다	드리다
주무시다	드시다	계시다
말씀하시다	자다	아프다

① 먹다 / 드시다

② ______

③ ______

④ ______

⑤ ______

⑥ ______

2. 【보기】에서 단어를 연결하고 쓰세요.

보기

나이	밥
집	연세
진지	생신
생일	댁

① 나이 / 연세

② ______

③ ______

④ ______

신나라
부경 한국어

선녀와 나무꾼

선녀와 나무꾼

옛날 어느 깊은 산골에 나무꾼 한 사람이 살고 있었습니다. 그는 날마다 산에 가서 나무를 하여 장에 내다 팔면서, 그날그날을 근근히 살아가고 있었습니다. 나무꾼은 장가들 나이가 훨씬 지났지만, 너무나 가난했기 때문에 아내조차 맞아들이지 못했습니다.

그 날도 나무꾼은 지게를 지고 산으로 가서 나무를 하고 있었습니다. 그런데 뒤에서 갑자기 바스락거리는 소리가 났습니다. 휙 돌아보니, 사슴 한 마리가 헐떡거리며 오들오들 떨고 있었습니다.

"저를 좀 숨겨 주세요. 사냥꾼한테 쫓기고 있어요."

나무꾼은 사슴이 가엾어, 솔가지를 쌓은 곳에다 숨겨 주었습니다. 금세 사냥꾼이 헐레벌떡 뛰어왔습니다.

"여보시오, 혹 사슴을 보지 못했소?"

"저 쪽으로 달아났소."

나무꾼은 시치미를 떼고, 엉뚱한 방향을 가리키며 거짓말을 했습니다. 사냥꾼은 나무꾼이 가리킨 방향으로 뛰어가더니, 곧 모습을 감추고 말았습니다.

"자, 이제는 안심하고 나오너라."

솔가지 밑에서 숨을 죽이고 있다가 나온 사슴은, 몇 번이나 고마운 인사를 하고 나서, 이렇게 말했습니다.

"나는 지금 사슴이 되어 있지만, 원래는 이 산의 신령입니다. 당신의 은혜를 갚기 위해 소원 하나를 들어 주고 싶으니, 어서 말씀하십시오."

이 말을 듣고 나무꾼은 한편 놀라면서도, 무슨 소원을 말하면 좋을까 생각했습니다. 한참 궁리하다가 나무꾼은 문득 한 생각을 떠올렸습니다.

“실은 늦도록 장가를 들지 못했는데, 좋은 색시 하나 얻도록 해 주시오.”

“그건 어렵지 않은 일입니다.”

하더니 사슴은 방법을 일러 주었습니다.

“이 산 꼭대기에 올라가면 큰 연못이 있지요? 오늘 밤, 하늘 나라의 선녀들이 그 연못에 내려와 목욕을 할 겁니다.”

나무꾼은 어리둥절해졌습니다.

“어떻게 선녀와 결혼할 수 있단 말이오?”

“그 선녀들이 벗어 놓은 옷들 중에서 하나를 몰래 감추세요. 그러면 선녀 한 사람이 하늘로 올라가지 못할 겁니다. 그 때 잘 타일러서 아내로 삼으면 됩니다.”

나무꾼은 기뻐서 몇 번이나 고맙다고 절을 했습니다.

“하지만 잊어서는 안 될 일이 하나 있습니다. 즉 그 선녀가 당신의 아내가 된 뒤, 아이를 셋 낳을 때까지는 절대로 옷을 되돌려 주지 말아야 합니다.”

이 날 밤, 나무꾼은 사슴이 가르쳐 준 대로 산 꼭대기에 있는 연못을 찾아갔습니다. 달빛이 내리비치는 맑은 연못 속에서는, 과연 아름다운 선녀들이 목욕을 하고 있었습니다. 나무꾼은 조심스럽게 다가가, 두근거리는 가슴을 누르며, 선녀의 날개옷 한 벌을 가만히 감춰 놓고, 바위 뒤에 숨어서 선녀들의 거동을 살피고 있었습니다. 얼마 후, 목욕을 마친 선녀들은 물에서 나와 옷을 칫이 입고는, 비단 같기도 하고 깃털 같기도 한 옷자락을 바람에 날리며 하늘로 올라갔습니다. 그러나 한 선녀만은 옷을 찾지 못해 발을 동동 구르고 있었습니다. 나무꾼은 바위 뒤에서 나와, 모습을 나타냈습니다.

“놀라지 마십시오. 옷은 제가 잘 간직하고 있습니다.”

“옷을 주세요. 제발 제 옷을 주세요.”

선녀는 얼굴을 붉히며 애원했습니다.

“옷을 그냥 돌려 드릴 수가 없습니다. 저와 결혼해 주십시오.

그러면 언젠가 옷을 드리지요.”

세월이 흘렀습니다. 두 사람 사이엔 아이가 둘 생겼습니다. 나무꾼은 더없이 행복했습니다. 선녀도 인정 많은 남편의 사랑을 받으며 사는 것이 무척 즐거웠습니다. 그러나 선녀에게는 이따금씩 하늘 나라의 광경이 머릿속에 떠오르곤 했습니다.

'한 번만이라도 가 보고 싶구나!'

선녀는 한숨을 내쉬며 중얼거렸습니다. 그러나 날개옷이 없으니 어떻게 하늘 나라로 갈 수가 있겠어요?

어느 날 선녀는 남편에게 애원했습니다.

"여보, 전에 당신이 감춰 둔 옷을 보여 주세요. 제가 하늘 나라로 올라가지는 않을 거예요. 어떻게 당신과 아이들을 두고 저 혼자 갈 수 있겠어요? 저는 그 옷을 만져 보기만 해도 기쁘겠어요."

이 말을 들은 나무꾼은 아내가 가엾게 여겨졌습니다. 그래서 몰래 감춰 두었던 옷을 꺼내 주었습니다.

"아, 내 날개옷!"

선녀는 반가운 얼굴로 그 날개옷을 끌어안았습니다. 선녀의 눈앞에는 하늘 나라의 광경이 보이는 것 같았습니다. 아름다운 무지개, 오색별들의 꽃밭, 정다운 친구들, 그리운 가족들…….

선녀는 날개옷을 입었습니다. 나무꾼은 싱글벙글 웃으며, 즐거워하는 아내를 보고만 있었습니다. 그런데 이게 웬일입니까? 옷을 다 입은 선녀는, 두 아이를 양팔에 하나씩 껴안더니, 스르르 하늘로 떠올랐습니다.

"여보! 여보!"

나무꾼은 하늘을 향해 소리쳤습니다. 그러나 선녀와 아이들은 어느덧 구름 속으로 들어가, 가물가물 사라져 버리고 말았습니다.

나무꾼은 다시 외로운 신세가 되고 말았습니다. 재미있던 살림도 이제는 그만이었습니다. 나무꾼은 자나깨나 아내와 아이들 생각뿐, 세상이 다 싫어지기만 했습니다.

'그렇게 사랑스럽던 아내가, 아이들을 데리고 날아가 버리다니! 나를 두고 가 버리다니!'

생각할수록 선녀가 원망스럽고, 원망할수록 보고 싶어졌습니다.

이 날도 나무꾼은 산에 가서 나무를 하다 말고, 문득 아내와 아이들 생각이 나서, 나무 찍던 도끼를 내던지고 바위에 기대앉아, 흐느껴 울고 있었습니다. '푸르르' 소리를 내며 꿩 두 마리가 산등성이 너머로 사라졌습니다. '바스락 바스락' 낙엽을 헤치며 다람쥐 두 마리가 뛰놀고 있었습니다. 한낱 짐승들도 끼리끼리 짝을 지어 지내는데, 나무꾼은 자기만 혼자뿐이란 생각이 들었습니다.

이 때 문득 등뒤에서 무언가 다가오는 소리가 들렸습니다. 돌아보니 예전에 만났던 그 사슴이었습니다.

"그렇게 슬퍼하지만 말고, 보름달이 떠오르거든 다시 한번 그 연못으로 가 보세요. 전에 당신이 날개옷을 훔친 뒤로 선녀들은 목욕하러 내려오는 대신, 두레박을 내려 물을 길어 올리고 있어요. 그러니 그 두레박을 타고 하늘로 올라가서 아내와 아이들을 만나 보세요."

사슴은 말을 마치자 어디론지 사라져 버렸습니다.

이 날 밤, 둥근 달이 떠오르자, 나무꾼은 산 꼭대기 연못으로 뛰어 올라갔습니다. 사슴의 말대로, 하늘에서 커다란 두레박이 내려와 물을 길어 올리고 있었습니다. 나무꾼은 곧 두레박 속에 들어가 앉았습니다. 두레박은 두둥실 떠올라, 구름 속으로 들어갔습니다. 어디선지 상쾌한 바람과 함께 아름다운 음악이 들려 왔습니다. 어느덧 하늘 나라에 도착한 것이었습니다.

"여보!"

"아빠!"

나무꾼은 꿈에도 잊지 못하던 아내와 아이들을 만났습니다. 아내는 하느님의 딸이었습니다. 나무꾼의 정성에 감동한 하느님은, 남쪽 하늘에 으리으리한 궁전을 지어 주고, 행복하게 살도록 했습니다.

여러분! 달 밝은 밤이면 남쪽 하늘을 바라보세요. 그 어디선가 나무꾼네 가족들이 흥겹게 부르는 노랫소리가 들릴 거예요.

신나라
부경 한국어

연습문제_정답
Упражнение_Ключ

연습문제 정답 Упражнение_Ключ

1과

문법연습

1. ① 이것은 사진이에요 ② 이것은 지도예요
   ③ 이 사람은 회사원이에요 ④ 이 사람은 의사예요

2. ① 그것은 책상이 아니에요
   ② 그것은 의자가 아니에요
   ③ 그 사람은 학생이 아니에요
   ④ 그 사람은 친구가 아니에요

3. ① 의사가 아니에요. 학생이에요
   ② 선생님이 아니에요. 가수예요

어휘 & 표현

1. ② 지도 ③ 여권 ④ 책

2. ① 이름이 뭐예요? ② 어디에서 왔어요?
   ③ 어디에 살아요? ④ 만나서 반가워요.

2과

문법연습

1. ② 가 ③ 를 ④ 은 ⑤ 을

2. ② 저것이 ③ 이것이 ④ 그것이

어휘 & 표현

1. ② 책(X) ③ 휴대폰(O) ④ 전자사전(O)
   ⑤ 교통카드(X) ⑥ 창문(O) ⑦ 휴지(X) ⑧ 문(O)

2. ① 손 ② 입 ③ 눈 ④ 팔꿈치 ⑤ 다리

3. ① 어디 ② 뭐

3과

문법연습

1. ② 수강 신청을 해요. ③ 도서관에 와요.
   ④ 저는 학생이에요. ⑤ 이것은 책이 아니에요.

2. ② 공부 안 해요. 밥을 먹어요.
   ③ 입학 안 해요. 졸업해요.
   ④ 숙제를 안 내요. 성적표를 받아요.

어휘 & 표현

1. ① 입학을 – 하다 ② 학비를 – 내다
   ③ 시험을 – 보다 ④ 동아리에 – 들다

2. ② 학교 ③ 사무실 ④ 식당 ⑤ 은행 ⑥ 교실

4과

문법연습

1. ② 한 병 ③ 네 잔 ④ 열 개
   ⑤ 다섯 마리 ⑥ 여덟 대

2. ② 시, 이십칠 ③ 백팔십 ④ 칠십

3. ② 서른 ③ 열다섯 ④ 여섯

어휘 & 표현

1. ② 이천구년 유월 육일이에요
   ③ 이천육년 십이월 십사일이에요
   ④ 이천십년 시월 십일이에요

2. ① 유월, 구월, 시월 ② 둘, 셋, 여섯, 여덟

3. ① 몇 월 며칠이에요? ② 언제예요?
   ③ 무엇을 해요?

5과

문법연습

1. ② 공부했어요 ③ 마셨어요 ④ 배웠어요
   ⑤ 먹었어요 ⑥ 웃었어요

2. ② 친구를 만났어요 ③ 인터넷을 했어요

어휘 & 표현

1. ② 세수를 하다 ③ 샤워를 하다
   ④ 인터넷을 하다 ⑤ 친구를 만나다 ⑥ 이를 닦다

2. ② 1일부터 4일까지 비가 왔어요
   ③ 아침부터 밤까지 공부를 했어요

6과

문법연습

1. ② 기다리세요 ③ 타세요 ④ 앉으세요 ⑤ 잡으세요

2. ② 기다리지 마세요 ③ 타지 마세요
   ④ 앉지 마세요 ⑤ 잡지 마세요

3. ② 읽으세요
   ④ 영어로 말하지 마세요 ⑤ 책을 보지 마세요

어휘 & 표현

1. ② 줄을 서다 ③ 버스를 타다
   ④ 버스에서 내리다 ⑤ 벨을 누르다

연습문제 정답 Упражнение_Ключ

7과

문법연습

1. ② 만날까요? ③ 먹을까요? ④ 볼까요? ⑤ 읽을까요?

2. ② 만납시다 ③ 먹읍시다 ④ 봅시다 ⑤ 읽읍시다

3. ② 공부할까요? ③ 의자에 앉을까요?

어휘 & 표현

1. ① 거기 지마 씨 집이지요? ② 지마 씨 좀 바꿔 주세요.
   ③ 다시 전화할게요.

2. ② 울리다 ③ 누르다

8과

문법연습

1. ② 읽었어요, 읽을 거예요 ③ 했어요, 할 거예요
   ④ 먹었어요, 먹을 거예요
   ⑤ 입었어요, 입을 거예요 ⑥ 샀어요, 살 거예요

2. ② 토요일에 찜질방에 안 갈 거예요
   ③ 일요일에 등산을 안 할 거예요
   ④ 수요일에 청소를 안 할 거예요

어휘 & 표현

1. ① 오, 팔, 구 ② 어제, 오늘 ③ 셋, 넷, 일곱, 여덟
   ④ 수요일, 금요일, 토요일

2. ② 사진을 찍을 거예요 ③ 빨래를 할 거예요
   ④ 여행을 갈 거예요

9과

문법연습

1. ② 지마 씨는 러시아 사람이고 유진 씨는 한국 사람이에요
   ③ 피가 나고 멍이 들었어요
   ④ 지마 씨는 춤을 추고 유진 씨는 노래를 불러요

2. ② 듣고 점심을 먹어요
   ③ 점심을 먹고 도서관에서 책을 읽어요
   ④ 집에 돌아가요

어휘 & 표현

1. ② – ㉤ ③ – ㉠ ④ – ㉢ ⑤ – ㉣

2. ② 나다 ③ 나다 ④ 나다

10과

문법연습

1. ② 밥을 먹고 싶어요 ③ 선물을 받고 싶어요

2. ② 책을 읽고 싶어요 ③ 버스에서 내리고 싶어요
   ④ 자리에 앉고 싶어요 ⑤ 운동을 하고 싶어요

어휘 & 표현

1. ② – ㉤ ③ – ㉣ ④ – ㉢ ⑤ – ㉠

2. ② 젓가락하고 숟가락이 있어요
   ③ 그릇하고 접시가 있어요

11과

문법연습

1. ② 옷을 입어도 돼요? 네, 입어도 돼요. 아니요,
   입으면 안 돼요.
   ③ 옷을 벗어도 돼요? 네, 벗어도 돼요. 아니요,
   벗으면 안 돼요.
   ④ 사진을 봐도 돼요? 네, 봐도 돼요. 아니요,
   보면 안 돼요.
   ⑤ 물을 마셔도 돼요? 네, 마셔도 돼요. 아니요,
   마시면 안 돼요.

어휘 & 표현

1. 짧다 – 길다, 작다 – 크다, 비싸다 – 싸다
   ② 길어요 ③ 작아요 ④ 싸요

2. ② 옷값을 깎다 →옷값을 깎아요
   ③ 구경하다 → 구경해요

12과

문법연습

1. ① 가세요 ② 공부해요 ③ 읽어요
   ④ 다니세요 ⑤ 보세요

2. ② 오세요, 오셨어요 ③ 읽으세요, 읽으셨어요
   ④ 앉으세요, 앉으셨어요
   ⑤ 공부하세요, 공부하셨어요

어휘 & 표현

1. ② 말하다 / 말씀하시다 ③ 주다 / 드리다
   ④ 있다 / 계시다 ⑤ 아프다 / 편찮으시다
   ⑥ 자다 / 주무시다

2. ② 밥 / 진지 ③ 집 / 댁 ④ 생일 / 생신

신나라 부경한국어 | Russian

발행일 | 2011년 2월 10일
지은이 | 채영희
삽 화 | 김민표 (하늘디자인 · 기획)
발행처 | 부경대학교 출판부

디자인 · 제작 | 하늘디자인 · 기획 051)611-3969

인 쇄 | 우성정판인쇄소
제 본 | 선우제본

가 격 | 14,000원